好運 UP! UP!

女子風水手帖

編集 LIBERALSYA

審訂 北野貴子　譯者 嚴可婷

呼——
29歲生日快樂～
謝謝！
啪啪
小深真知（29）
網頁設計公司職員
其實我沒有很開心，悶悶的…
為什麼？
杉山明日香（27）
網頁設計師
因為工作表現平平，又沒有存款…
嗚哇哇
30元…
飯還沒好嗎？
這傢伙…
BANK
而且剛跟男朋友分手～
不過他是個沒出息的男人！
啊——為什麼都沒有好事發生呢？
鬱悶…
最近我聽說一件事，人住在什麼樣的房間，運氣就會跟著改變喔！
是這樣嗎!?
懂風水的老師就住在附近，我們週末一起去見見她吧！
記得帶妳房間的平面圖喲！

午安~
她和妳年紀一樣喔！聽說是結婚後搬來的~
好棒的家
讓你們久等了！
初次見面，我是水川風美
好漂亮~
像這麼漂亮的人，結婚或工作應該都很順利吧！
真羨慕
那我們趕快來看看真知的房間平面圖吧！
嗯，好呀！
就是這張
咦？
登——愣
這是…
妳現在該不會正戀愛不順利吧？
怎…怎麼這樣問？
緊張
可是沒關係！
只要憑風水就能改變運氣!!
風水…
就是西邊屬金這類嗎？

目錄

掃除風水——徹底打掃才能招來好運！

戀愛風水——利用風水的力量變得幸福！

飲食．財運風水——吃對東西讓體質變幸運！

工作風水——運用風水讓工作與人際關係更順利！

小深真知（29）

網頁製作公司職員。工作、戀愛、減肥都不順利，最近過著運氣不佳的日子。

水川風美（29）

風水師，與先生過著兩人生活。平常很溫和，但只要一看到髒亂的房間就忍不住想打掃。

杉山明日香（27）

比真知晚進公司的網頁設計師。率真開朗，只要覺得對的事情就會依照直覺，立刻行動。

神崎直人（33）

與真知的公司往來的業務員。性格穩定，工作能力強，人緣也很好。

長谷川僚（25）

真知公司裡的清潔員。默默地進行打掃工作，很少跟周圍的人交談。

臼井太郎（30）

真知的前男友。不著重服裝儀容，也不考慮將來，是個典型沒出息的男人。

第一章

掃除風水

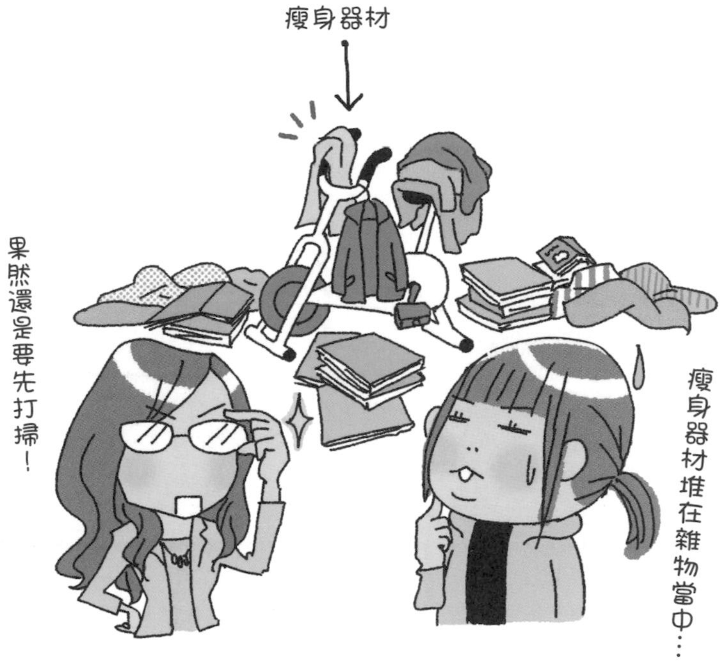
瘦身器材
果然還是要先打掃！
瘦身器材堆在雜物當中…

風水的基礎是打掃！
把房間各個角落徹底清潔乾淨，
就能開運喔！

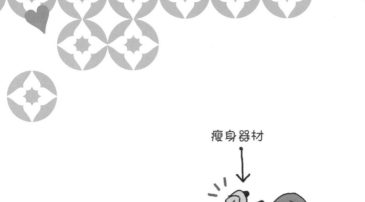

先來簡單說明一下風水，
源自中國，是種藉由氣的力量改善運氣的環境學。
中國？
氣？
…光這麼說還不好懂。
舉例來說
如果把花放在日照充足的地方，每天澆水會如何？
會開得很久很漂亮！
那麼，相反地放在陰暗的地方，又缺乏水分？
很快就枯了…
只要更換放置的場所，花的狀態就會改變。
其實人也一樣。住什麼樣的房間、吃什麼樣的東西、穿什麼樣的衣服，就會改變這個人的狀態或運氣喔！
可愛的衣服會提升女孩的魅力，穿著套裝能幫助進入工作狀況。
沒錯沒錯！

利用風水，可提升自己目前需要的運勢。
戀愛
美容
財富
工作
我也是開始運用風水後，才交到男朋友。
真的嗎!?
聽了風美的課程後，我覺得非常興奮雀躍！
也終於定下結婚計畫了!!
登登
wedding
像婚紗啦
蜜月旅行等等
說這些還太早吧…
喂喂
太好了!!
嗯，就是像這樣樂在其中，採取行動，夢想自然會漸漸實現喔！
可是風水真的有用嗎？
這個嘛…
風水到底會不會發生效用，差別在於——
當事人有沒有愉快地去實踐！

說不定有用喔~
沙沙
試試看
成功!!
總覺得怪怪的，好像又很麻煩。
喀滋喀滋
洋芋片
什麼事也不做
什麼事也沒發生
…
也就是說，如果不採取行動，什麼事都不會發生吧？
是的。
想要實現夢想，最重要的是當事人的努力與行動。
風水會成為這份努力背後的助力喔！
讓自己輕鬆愉快是開運的要訣，如果覺得不錯就試試看吧！
嗯—
我想知道關於方位的事情！
舉！
當然沒問題呀！
很積極學習呢！

掃除風水

各方位掌管不同的運氣。
各方位主宰的運氣（詳見P19）
愛情．儲蓄
北
財運
結婚
西
東
工作
成長
南
才能．美容
例如想提升美容運，就在南方的擺設或小飾品上多多下功夫（→P77）
可是我根本不知道什麼方位…
有簡單的觀測方法喔！
1 正午站在家或房間的中心
2 看得見太陽的方向就是南方
在那邊
3 再依此推斷出其他方位
北
西
東
南
可以測量全家的方位，也可以只測量個別的房間。
如果有指南針，可以更清楚地測出方位呢！
N
E
W
S
運用風水的力量，讓我們變得越來越幸福吧！
好～～！
嗯—

風水是什麼？

整頓環境、藉由一己之力提升運氣

風水是中國自古流傳下來的環境學。藉由整頓自己周遭的環境，提升所謂「氣」的能量，加強各方面的運勢。在亞洲各區，建造寺廟、都城的時候也有參考風水，現代的建築或室內設計等各方面也都有運用風水的理論。

風水＝占卜？

風水不是預測未來的占卜，而是將運勢導往比較好的方向。例如：現在雖然覺得不順利，但是藉由風水改變環境與行動，心境也跟著改變，就能提升運氣。

利用風水的原理
再加上努力，
就更容易實現夢想喲！
風水
努力
夢

命運可以自己改變

命運不是從出生時就注定，也可以憑自己的努力來改變。所謂的風水，就是當人想提升自己的運氣時，能具體實行的方法。

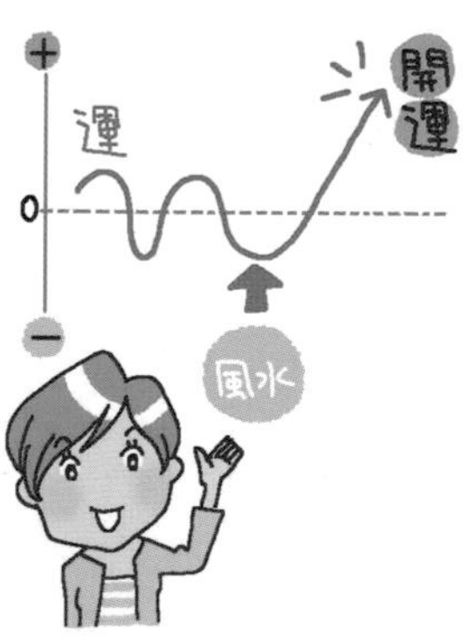
運
開運
0
風水

活用風水的重點

掌握下列重點就能改善風水、幫助開運。

說話得體
可以提升運勢！

生活各方面都會影響運勢

除了居住環境以外，自己所穿的衣服、吃的東西、每天的生活習慣與行動……等「過日子的方式」都會改變運勢。

好的氣會招來幸運，
壞的氣會帶來不幸。

氣的流動與平衡很重要

開運的基本要訣就是招來好的氣，屏除惡氣，形成好的循環。保持陰陽五行（→P16）的平衡也很重要。

不斷持續努力，
就會看到效果～
1月

培養開運體質需要時間

改變運勢需要時間，不要馬上斷定「沒有效果」，持續3個月看看，慢慢地就會轉成開運體質。

想要戀愛好運！
從希望實現的目標
開始改善風水～

愉快地改善想加強的運勢風水

不要一次用盡所有的開運法，只要針對自己想達成的願望、想做的事情著手，就能輕鬆愉快地達到開運效果。

陰陽五行是什麼？

開運與陰陽五行的平衡，關係密切

基本上，風水的全部事物都由陰、陽、五行所組成，根據「陰陽五行說」，所有的東西都能分類。這五種屬性沒有優劣的差別，讓五行的特質在生活中保持平衡，就是開運的祕訣。

要增進美容運，就加強專司美容的火行，再添加一些木行更好！

關於陰與陽

全部的事物都可分為陰、陽兩種能量，如果能讓陰陽平衡，就能取得協調。沒有哪一邊比較優、哪一邊比較弱，需要兩種都具備才可以讓事物成立。在風水中，讓這兩種特質均衡發展是很重要的課題。

陰・陽對照的例子

陰	陽
女	男
月	太陽
地	天
夜	晝
暗	明
冷	熱

什麼是五行？

依照這種理論，所有的事物都可以分成「金、木、水、火、土」五種氣。五行有各自掌管的運勢，只要隨身攜帶希望提升運勢的五行代表小物件，或採用相關造型與素材，就能帶來好運。

五行影響的運勢

- 木　工作・發展・邂逅
- 火　美容・才能・地位
- 土　健康・結婚・家庭
- 金　財運・事業
- 水　愛情・魅力

五行的相生相剋圖

五行中有「相生（一方輔助另一方）」、「相剋（一方抑制另一方）」的關係。

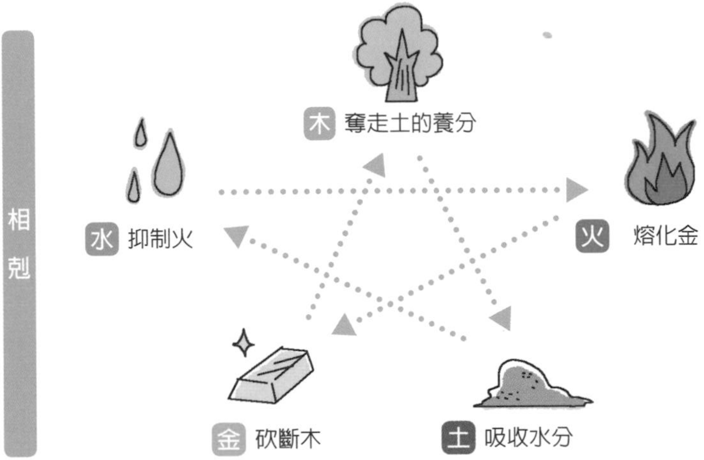

五行的象徵物品有「木＝木製品・棉花」、「火＝不鏽鋼・發光體」、「土＝陶器・四方形」、「金＝貴金屬・圓形」、「水＝蕾絲・透光物」等。

方位是什麼？

瞭解方位象徵的運氣與五行，對開運會有很大的幫助

每個方位的五行與所掌管的運氣、適合的顏色都不同。如果有特別想提升的運氣，可準備適合該方位的顏色或五行小物品。不過，如果各式各樣的東西放太多，看起來會很雜亂，而且失去效果。要注意整體感。

如果要用指南針找方向，為了避免電磁波干擾，要先將電器的開關關掉，讓空氣流通之後站在空間的中央，把指南針放在手心，區分出各方位。

關於突出的隔間

面對隔間的整面牆，向前凸出的部分如果占壁面寬度不到1/3，就是「突出」，如果超過1/3，就是「缺角」。在「突出」方位的好運或壞運都會特別強，所以要保持乾淨。「缺角」則會欠缺那個方位的運氣，可在壁面掛上照向室內的鏡子，或是放盆栽加強運氣。

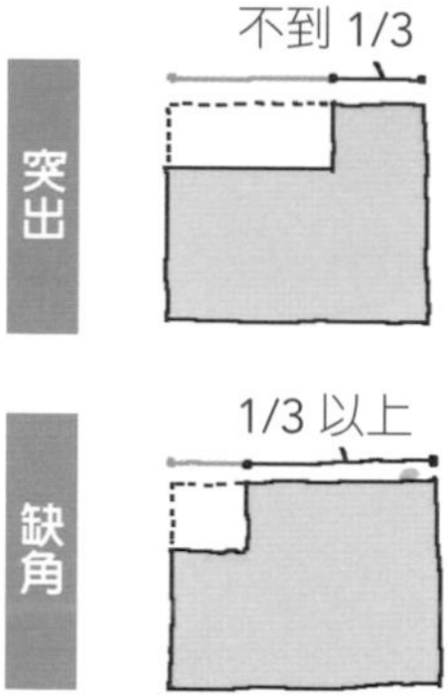
突出
不到 1/3
缺角
1/3 以上

如何找出家的中心

在空間（陽台或庭院除外）裡的四個角落畫上對角線，交叉點就是中心。如果有突出或缺角，可將平面圖貼在厚紙上，再放在筆尖、縫針之類的錐狀物上，只要能讓紙張取得平衡，這個位置就是空間的中心點。

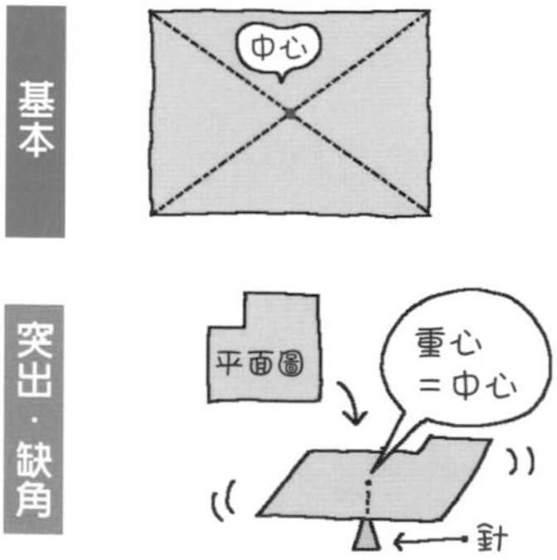
基本
中心
突出・缺角
平面圖
重心
＝中心
針

各方位掌管的運勢與開運色彩．數字

把東西南北各畫一條線，以線為中心，左右寬幅 15° 的範圍就是東、南、西、北。在這四個方位之間就是東南、西南、西北、東北。

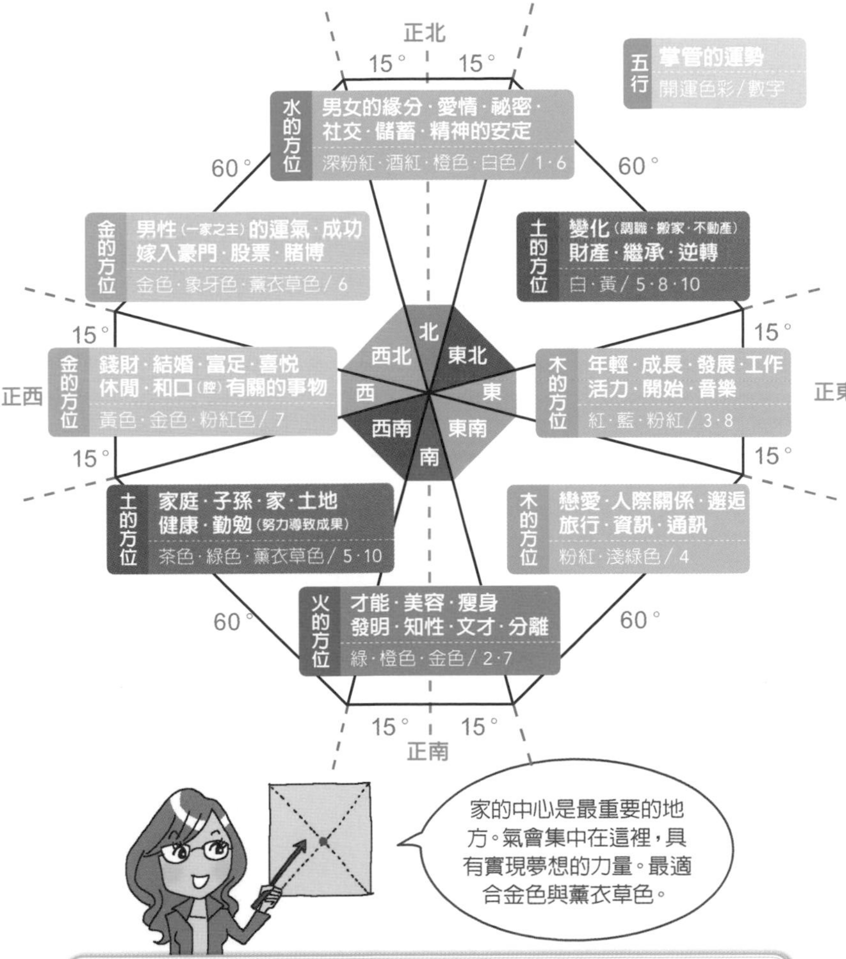

正北
15°
15°
五行
掌管的運勢
開運色彩／數字
水的方位
男女的緣分．愛情．祕密．社交．儲蓄．精神的安定
深粉紅．酒紅．橙色．白色／1．6
60°
60°
金的方位
男性（一家之主）的運氣．成功 嫁入豪門．股票．賭博
金色．象牙色．薰衣草色／6
土的方位
變化（調職．搬家．不動產）財產．繼承．逆轉
白．黃／5．8．10
15°
15°
北
西北
東北
西
東
西南
東南
南
金的方位
錢財．結婚．富足．喜悅 休閒．和口（腔）有關的事物
黃色．金色．粉紅色／7
正西
木的方位
年輕．成長．發展．工作 活力．開始．音樂
紅．藍．粉紅／3．8
正東
15°
15°
土的方位
家庭．子孫．家．土地 健康．勤勉（努力導致成果）
茶色．綠色．薰衣草色／5．10
木的方位
戀愛．人際關係．邂逅 旅行．資訊．通訊
粉紅．淺綠色／4
60°
60°
火的方位
才能．美容．瘦身 發明．知性．文才．分離
綠．橙色．金色／2．7
15°
15°
正南
家的中心是最重要的地方。氣會集中在這裡，具有實現夢想的力量。最適合金色與薰衣草色。

東北方有惡氣流動的地方叫「鬼門」，其實這裡有神明，是重要的場所。只要好好打掃，就能招來好的變化與機會。

好運 UP UP 開運小物

放置下列物品，可為家中招來好的氣，提升運氣。把房間打掃乾淨後再放置，效果會加倍！

小器皿的色彩或形狀不拘，
重要的是放置時
鹽錐要保持乾淨！

鹽錐

把鹽放在小器皿中堆成小山，可淨化空間，驅走惡氣，招來好氣。如果想袪除厄運，或希望產生好的變化時，放鹽錐特別有效果。

鹽・容器 天然鹽的淨化能力比化學鹽更好。盛鹽的容器不推薦塑膠製品，建議選感覺自然的陶磁器。如果能搭配適合方位的顏色就更好了（→P19）。

放置方法 鹽量或放置數量不拘，可放在氣的入口如玄關，或是氣容易積滯的地方如廁所，效果會很好。放在看不到的地方也可以。

替換 如果放著不管，沾滿灰塵會失去效果，且就像垃圾或髒汙一樣會招來厄運。每1～2週須替換一次。

丟棄方法 把舊的鹽錐用水沖走，或是直接丟到垃圾桶。時常更換容器也可以提升效果。

把透光物吊在窗邊，
閃閃發亮會招來幸運。

水晶

反射光線，讓好的氣在空間中擴展開來。放在沒有窗戶的玄關或走廊有助於驅走邪氣，帶來幸運。

如果放在電腦附近，
會吸收電磁波。

炭

藉由負離子淨化氣。可放在電視機後方或抽屜、櫃子中。為了不破壞氣的平衡，可放在籃子或鋪了紙的箱子。

如果使用香氛燈，
不同香味有不同效果喔～

燈具

和太陽有同樣的效果，在空間中散發出好的氣。如果放在玄關、走廊或樓梯下等氣容易停滯的陰暗處，運氣就會提升。請特別留意東南方是吉位。

門鈴．風鈴

在東方文化中能發出聲音代表吉，讓氣流通，可提升工作運與活力。如果放在東邊的玄關上，可增加邂逅的機會。

每個月換氣一次，讓家中空氣更乾淨。能藉由自然的力量最好，若不能開窗戶，就利用空氣清淨機或除濕機。也可善用淨水器清潔水。

上次聽到那些奇怪的話，
嘿
明日香彷彿還會買下奇怪的花瓶之類的……
洋芋片
漫畫
哇～
啪－噠
畢業紀念冊
啊？
這裡
好懷念啊！
小溪
那時候我還很瘦呢
喀滋喀滋喀滋
喀滋
RRR
畢業紀念冊
洋芋片
我現在跟風美就在附近～
接下來要往真知你家前進～
欸？
等……等一下！
來了～
我們已經到了！
乓！

接下來要幫真知開運…
呃…
這…這是…
可怕的房間…
怎麼可以忽然跑來
臭…
這裡就有開運的關鍵！
叮ー咚
發現了!!風美發現了開運關鍵!!
什麼？
該不會要放什麼奇怪的東西吧？
在那之前更重要的是——
這個！
開運關鍵
首先要徹底打掃乾淨！
啪

打…
打掃…？
什麼？
意外嗎？你有想過吧？
房間的環境代表著住在裡面的人，
骯髒的房間會讓運氣變差!!
鏘
邂逅會減少!!
咚咚咚
體脂肪會增加!!
真…真的嗎？
打掃環境會讓身心都清爽，
運氣變好，好事連續不斷！
沙沙沙
我也是透過打掃浴室，改善了膚質喔！（↓P76）
散發光澤
是真的嗎？

打掃最重要的就是玄關!!
臭～
好男人、財富、機會全都是從玄關進來的喔!
CHANCE!
除了小偷以外，其他東西全都是從玄關進來的。
1 鞋子不要全部擺出來
基本上家裡有幾個人就擺幾雙鞋!!
不好的氣會滯留!!
2 不要把垃圾、不要的東西放在玄關
3 每天勤於打掃!
最好用濕抹布擦得閃閃發亮!!
首先要徹底清潔!
好男人也是從玄關進來
這是風水的重要原則!

掃除風水

打掃乾淨、收納仔細，讓空間充滿好的氣

如果要實踐風水的理論，最重要的就是打掃。

乾淨的空間裡有好的氣流通，運氣也會隨之提升。我們每天的行動、飲食或身上穿戴衣物所產生的氣，都會儲存在自己所處的環境裡，這些空間很重要，如家、辦公室等。藉由掃除、整理會形成舒適的空間，與大幅提升運氣有密切關聯。

促進運勢的代謝

運氣和人的身體一樣，保持循環很重要，要排除不好的氣，讓好的氣進來。如果家裡有不用的東西堆積，厄運也會停留。首先從清除家中不需要的物品與掃除開始，促進運勢的代謝吧。

住在骯髒的房間，
身體裡的廢物也會囤積。

整體感與季節感很重要

不論什麼樣的風水開運法，如果用得太過火，就會讓房間整體失去平衡感，導致運氣變差。我們在運用風水的原理時，也要考慮整體的一致性。如果配合季節變化，事物的時機會變得更加適切。

隨著季節變化，
可替換織品，改變
不同的花紋。
春
冬

掃除的重點

請使用乾淨的掃除工具。使用骯髒的工具或抹布會滋生細菌，降低清潔效果，使厄運擴展開來，一定要避免。

使用好聞香氣的清潔
劑會提升戀愛運！
ECO

採用天然清潔劑

避免用化學成分清潔劑，建議使用天然清潔劑，含小蘇打或檸檬酸的洗淨效果會更好。

仔細用濕抹布擦拭

用濕抹布擦拭能有效淨化家中的氣，可以經常擦拭。如果在水中加入一小搓鹽或小蘇打，可提高淨化力。

好累！

從上午開始整理

在氣勢旺盛的早晨大掃除，更能集中注意力、吸收好的氣。夜晚充滿停滯、休止的氣，有可能會進行不順。

可以邊聽音樂邊打掃！

開心地掃除

如果心裡覺得厭煩，這種不愉快的感覺會留在空間裡，使運氣變差。一邊打掃一邊想著「打掃讓我的運氣更好」，會提升開運的效果！

浴室、洗臉台與戀愛運有關，廁所與健康運有關，廚房與財運有關。女性如果把這些有水的地方徹底清潔乾淨，整體的運勢都會大躍升。

玄關

玄關是各種運氣的入口，要保持乾淨明亮

玄關是氣的入口，也是掌管運與緣的重要場所。如果玄關髒亂，好的氣就不會進入，家裡會有惡氣停滯，不容易發生好的邂逅與好事。如果覺得最近不順利，首先就要把玄關打掃乾淨。如果把細微處都清潔得亮晶晶，運氣就會好轉。

連接玄關與空間中心的交叉線叫作「幸福的通道」，如果把這裡清潔乾淨，就能帶來好運。

中心
玄關

玄關不要放垃圾

如果把垃圾放在玄關，壞的氣會積滯在那裡，使運氣受到影響。

垃圾要盡快丟棄，如果不得已一定要放垃圾，可以放進附有蓋子的垃圾箱，或是用布將垃圾蓋起來等等，別讓垃圾直接顯露出來。

丟完垃圾後
記得要好好洗手，
把不好的氣徹底洗掉！

鞋子要擺整齊

如果把鞋子都攤放在玄關，會破壞緣分。若是玄關有放置不合季節的靴子或涼鞋，容易導致錯失機會。

玄關的鞋子數量最好和住在這裡的人數一致，其他的鞋子應該擦淨後收在鞋櫃裡。

把鞋子內側徹底
擦乾淨，
就能除去厄運。

玄關的掃除重點

當我們出入玄關時，不好的氣會附著在地上，必須仔細地打掃。最好每天都能清潔乾淨，如果實行上有困難，至少要維持一週一次。

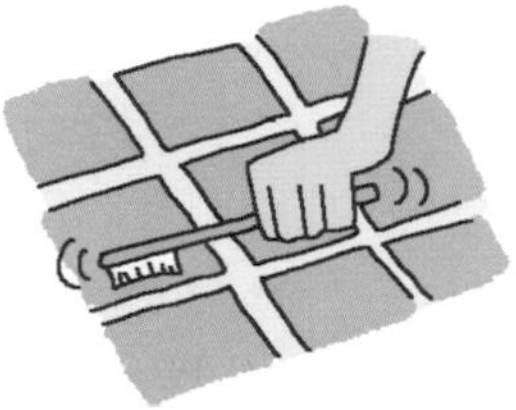
用舊牙刷清潔磁磚縫。

清潔地板讓運氣變好

掃去地板上的灰塵、用濕抹布擦拭，可除去厄運，招來好的氣。如果用了加入鹽、小蘇打的水，效果會更好。

戴著棉布手套擦拭門把
會變得又亮又乾淨～

用濕布擦拭門與門把

以濕布依序清潔門內側、門外側，可以讓運氣更好。門把弄乾淨之後，會招來好機會。將手套弄濕擰乾，戴著手套擦亮把手各細節。

鞋櫃要注意濕氣與灰塵

擺放炭或小蘇打清淨空氣，每週一次打開鞋櫃換氣。丟掉舊鞋子會有新的邂逅。最好把鞋子依顏色或材質分類。

瓦楞紙箱、舊報紙
會吸收不好的氣。

不要堆積廢物，保持清爽

如果玄關變成堆東西的地方，運氣會變壞，請清除不要的東西。寵物的廁所也會累積不好的氣，不要設置在玄關。

鞋底很容易附著外面的厄運。如果覺得運氣不好，可以連續一週用濕抹布擦拭地板和鞋底，會大幅提升運氣。用鹽水擦拭鞋櫃內部也很好。

玄關的開運擺設

感覺舒適、漂亮且明亮的玄關可帶來良緣或好機會。玄關的腳踏墊是開運物件，但若是空間很窄，也不必勉強放置。

曬到陽光，不好的氣自然會消除。

保持玄關腳踏墊的清潔

可防止不好的氣從外面進來。採用棉、麻等天然素材，或八角形、圓形等容易清洗的腳踏墊都很好。帶有季節感也非常理想。

以明亮的照明增添陽氣

陰暗的玄關會造成財運不佳。採用明亮的燈泡，再運用燈座的設計，可為家中招來好的氣與緣分。

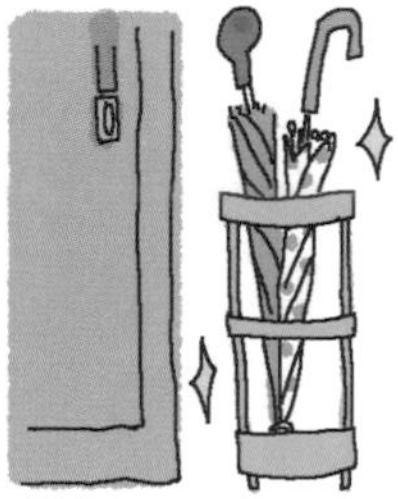
使用品質好的傘，會提升戀愛運。

注意傘架的位置

潮濕的傘放在玄關會使運氣變差，最好把傘架置於玄關外。不再使用的傘、壞掉的傘都應該淘汰。

切花比固定的盆花更能提升戀愛運。

插花裝飾會帶來好運

裝飾生意盎然的花會招來良緣，此外，把和花同顏色的小東西放在家裡的中心，顏色帶來的幸福也會順利引進家裡。

如果在正對著門口的地方放鏡子，不論壞的氣、好的氣都會反射回去。要是想在玄關擺鏡子，放在進門的右手邊可提升財運，左邊可加強工作運。

各方位的玄關開運重點

每個房間的方位不同，開運重點也不同。讓氣的入口——玄關保持清潔，再配合各方位採取開運行動，招來好的氣。

北	帶有「水」的氣，容易感覺冷的方位。可放置暖色系（深粉紅色或橙色）的腳踏墊或小東西；利用照明，營造出溫暖明亮的氣氛。	東北	會帶來變化的方位，嚴禁髒亂，要徹底打掃與除臭，適合以白色統一色調。擺設有季節感的東西可以開運。
東	象徵青春或發展的方位，推薦帶有自然風格的擺設。例如聲音清脆的風鈴會招來好運。	東南	主司緣分的方位，利用香氣或花會帶來好的邂逅。推薦的香氣是花香調。
西	帶有「金」的氣，適合象徵果實的顏色與小東西。如果有圓形的腳踏墊或小物品，可加強金的氣。	西北	有關男性運勢與工作運的方位。適合擺放有質感的腳踏墊、生活雜貨、優雅的植物等感覺華麗的物品。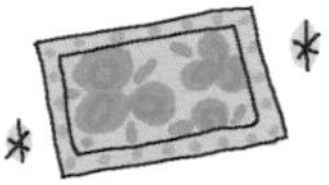
南	屬於「火」的方位，主司美，房間要布置得有美感很重要。植物、水晶、發光的素材會帶來好運。	西南	帶有「土」的氣，如果用濕布擦地板，可提升家庭運。尤其在房間四個角落會有不好的氣滯留，要徹底打掃。飾品建議採用褐色的東西或陶器。

玄關的髒汙會招來受傷、糾紛、事故等問題。如果把車輪髒汙的腳踏車和嬰兒車放在玄關也不行，記得擺在玄關以外的地方。

客廳

舒適的空間可帶來好運

客廳掌管家庭運、社交運，帶來安定的運氣，而且會提升才能，所以要保持明亮寬敞。

視線範圍看到的東西會影響運勢，所以要打掃乾淨，擺放生氣盎然的植物。此外，客廳帶有「土」的氣，整頓座位環境可補充各式各樣的運氣。放置坐起來很舒適的沙發或抱枕，也可以提升運氣。

把房間四個角落打掃乾淨

客廳的「土」氣是從四個角落產生的，就算打掃過客廳，如果客廳角落還是很髒，從角落堆積的厄運還是會擴散出來。把四個角落打掃乾淨，可達到安定運氣的效果，所以務必打掃乾淨。

如果角落擺放
大型家具，可以把
家具內部清潔乾淨。

注意沒在使用的家電

家電帶有主司美的「火」氣。如果完全不用只是放著，容易使肌膚粗糙、長痘痘、形成老化的印象。不用的東西可淘汰或送去回收。此外，家電裡的灰塵會產生不好的氣，要徹底清潔乾淨。

家電內部的髒汙會對
美容產生負面影響。

客廳的掃除重點

客廳容易堆積各式各樣的東西，用吸塵器徹底掃除，把連同垃圾一起積滯的厄運除去，各個角落也都要徹底清潔。

不要堆積舊報紙、舊雜誌

讀過的報紙和雜誌就跟垃圾一樣。放在那裡會和灰塵一起累積厄運，招來惡性循環，最好趕快丟掉。

布偶、絨毛玩具要保持乾淨

布偶若髒掉，運氣就會變壞，邂逅的機緣也會變差，所以要常保清潔，而且只擺真正喜歡的東西。

擦去電線上的灰塵

戴著棉布手套仔細擦去電線上的灰塵。糾纏的電線會阻礙良緣，可以利用集線器把線路整理清爽。

用濕抹布把牆壁擦乾淨

牆壁也會吸收各式各樣的氣，可定期用濕布擦拭。從上往下，從暗處擦往亮處，可以重新改運。

在空間裡帶來「風」的氣的冷氣濾網若是髒了，會對人際關係造成不好的影響。仔細地清潔濾網，讓乾淨的氣流通循環吧！

客廳的開運擺設

木製家具或陶器花瓶等與自然相近的東西，會帶來放鬆的效果。如果使用過多金屬素材或是黑白色系的東西，會影響戀愛運、家庭運。

如果把沙發當床躺，不會帶來好運。

擺設乾淨又能放鬆的沙發

沙發與自己的運勢息息相關，如果髒了的話會吸收壞的氣，要多加注意。建議選擇可更換沙發套、方便清洗與換季的類型。

想追求變化時，可擺放各種形狀的抱枕。

用抱枕增強運氣

藉機補充自己缺乏的運氣。選擇適合季節的素材與設計效果會更好。最好放偶數的抱枕，擺四個可締結良緣。

仔細擦拭電視螢幕與背後的灰塵。

電視機附近可放植物

我們的視線很自然會朝向電視，在附近擺放植物，可得到好的氣。電視旁邊擺自然素材的小東西，能緩和強大的電磁波。

風格強烈的顏色或圖案，會讓心情無法保持平靜。

用窗簾帶來好運

窗簾占的面積很大，對運勢的影響也很大。選擇適合方位與自己想加強運勢的顏色（→P19・98），如果髒了就馬上洗乾淨。

黑白色系的家具帶有強烈停滯、休止的氣，會降低鬥志與行動力。如果運用其他顏色的沙發套、顏色明亮的抱枕，可緩和停滯的氣。

各方位的客廳開運重點

客廳是影響才能的場所，可根據各方位不同的重點，放入帶有整體感的擺設。

北	適合暖色系的擺設，藉此調和「水」的氣，這點相當重要。可利用暖色系的地毯讓腳底覺得溫暖。	東北	是「土」的氣的方位。把房間四個角落徹底打掃乾淨，放置炭可達到清潔的效果。整體顏色建議用白色，如果用白黃相間的格子圖案織品，會產生好的變化。
東	因為帶有「木」的氣，適合天然的木製家具，或天然素材的抱枕等物品。如果在起居室東邊放音響或電視機，會獲得好運。	東南	這是「木」的氣的方位，如果通風良好容易得到良緣。若是注重抱枕、窗簾等布織品的素材，將會提升運氣。
西	帶有「金」的氣，很適合歐式風格的家具，或是圓形的家具也有助於提升運氣。	西北	由於是屬於主人的方位，所以適合布置成讓男主人舒適自在的空間。如果採用有質感的家具，會提高財運，增加出人頭地的機會。
南	運用簡單、有摩登氣息的擺設，放置水晶或玻璃製會反光的小東西，可以讓運氣更好。	西南	「土」的氣傾向於安定感，所以很適合低矮的家具。建議可採用亞洲風、和風的擺設風格。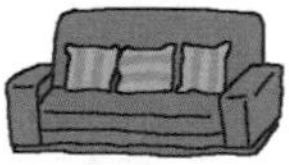

如果大量採用金屬或玻璃製品、單色調的物品，會讓運氣變壞。如果在客廳入口放置沙發或書架等大型家具，會阻擋好的氣進入，要多加留意。

掃除風水③

臥室

整理臥室環境會得到更多好運

我們一天之中有將近$1/3$的時間在臥室度過，這裡是重新產生運氣、補充運氣的重要場所。在我們入睡的時候，身體會排出白晝累積的毒素或不好的氣，重新吸收新運氣，累積新能量。

如果睡眠品質良好，伴隨的運氣也會變好。讓我們營造出清潔舒適的空間，獲得香甜的睡眠與好運吧！

千萬別在床上吃東西

如果一個人住，客廳和臥室不分，一邊在床上吃東西一邊看電視，各方面的運氣都會變差。因此即使一個人住也不要太隨便，讓家具發揮應有的用途，可以維持好的運氣。

在床上吃東西會把周圍弄髒，運氣也會變差！

別讓鏡子反映出睡姿

如果睡覺時鏡子裡反映出睡相，會把睡眠時自己排出的厄運再反射回來。這麼一來將無法重新形成好運，也會讓自己覺得很累。睡覺時，要把鏡子移到不會反射到睡姿的地方，或是蓋上布巾。

臥室的掃除重點

在睡眠時人會排出不好的氣，並吸收好的氣，而且比醒著的時候更容易受到環境影響，所以臥室要保持乾淨。

除去寢具的濕氣，保持清潔

讓棉被或床單保持乾燥蓬鬆，有助於保持氣的平衡。可以拿去曬曬太陽，或利用除濕機，保持寢具的整潔。

我們每晚的排汗量大約等於一杯水，所以要勤於換洗。

連續一週每天替換床單，可以讓運氣好轉，使機會或強大的好運來臨。即使只是每天替換枕頭套，也一樣有效果。

乾燥花或皮草帶有死氣，絕對不能放在臥室裡。

把床鋪下方整理乾淨

床下是自己運氣交換的地方，如果沒放東西會比較方便打掃。如果要用來收納，最好也是拿來放衣服或寢具。

床鋪附近要保持乾淨

睡覺時，從身體裡排出來的惡氣會掉到床底下，仔細打掃可以把灰塵和厄運一起消除，所以要保持乾淨的狀態。

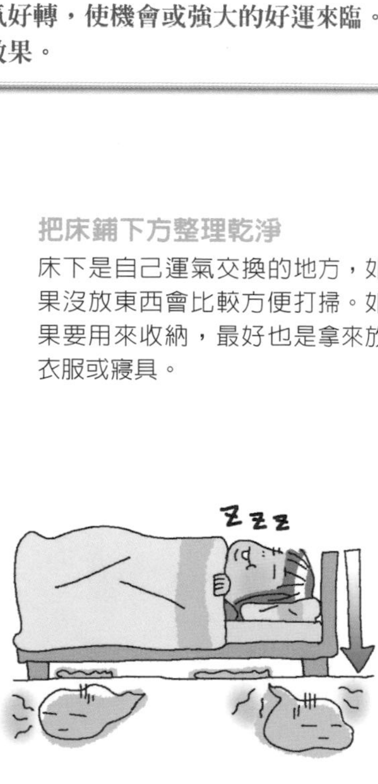
Z z z

臥室的開運擺設

若日光不易照入臥室，可用燈光調節明暗。睡眠品質不好的臥室，是造成焦慮、身心失調的原因，可利用空調讓空間冬暖夏涼。

配合方位與運氣選擇寢具顏色

提升戀愛運用粉紅色，放鬆要用米色，提振精神適合用粉藍色。黑色會降低活力，而且人會變得不容易起床，要多加注意。

一起來活用色彩的力量吧（→P98）。

注意織品的圖案

如果窗簾和寢具都是幾何圖形，會容易被擾亂，要特別避免。窗簾到了晚上就要拉上，讓寢室進入適合休息的狀態。

床要跟房間的牆壁平行

如果把床斜放很容易吸收運氣，最好要避免。此外，房間中央是力量最強的地方，很適合在這裡放置床鋪或棉被。

嗯
把床放在屋梁下，會作噩夢。

建議在榻榻米上鋪棉被、木質地板上鋪床。如果想在木質地板上鋪棉被，爲了避免吸收到地板的濁氣，可以加鋪地毯或床墊。

不同方位的臥室開運重點

像床單或被套這類織品，占去相當大的空間面積。如果選擇適合方位的顏色或素材，可以明顯提升運氣。

北	由於有「水」的氣，感覺比較寒冷，可利用地毯讓腳底保暖，或採用間接照明形成柔和的氣氛。放古典音樂或水流聲能幫助入睡。	東北	帶有「土」的氣，如果勤於換氣，利用空氣清淨機或木炭等素材維護空氣品質，對開運很有幫助。建議用白色的床單，再加一點黃色的東西作為點綴。
東	象徵「木」的氣，建議採用木製家具、質料好的棉或亞麻。如果聽著節奏輕快的音樂起床，一整天都會很有活力。	東南	只要通風良好，就能有效招引好的緣分。好聞的香氣能促進人際關係。適合的顏色有粉紅、淺綠色。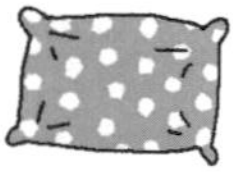
西	如果選擇帶圓形的家具、採用紗布或絲，會提升財運，讓生活更寬裕。適合的顏色是象牙白、黃色。	西北	使用質感好的寢具會提升「金」的氣，也會加強工作運。擺放加入金線的織品，或是妥善運用金色小物塑造華麗氣氛，會提升運氣。
南	「火」的氣很旺，可以擺放植物取得平衡。如果採用棉布等天然素材的織品，會提升運氣。	西南	採用低矮的床鋪或棉被等，能增加「土」的氣，讓付出的努力更容易得到成果。適合的顏色是褐色、象牙色。

如果把折疊式腳踏車或瘦身器材放在臥室，因爲帶有「流動」的氣，容易導致受傷或生病。臥室裡最好不要放置多餘的東西。

舊物的淘汰風水

不用的東西會散發不好的氣，要盡早淘汰。為了徹底除去舊的氣，可撒點鹽或日本酒，懷著感謝的心情捨棄舊物，將會帶來好運。

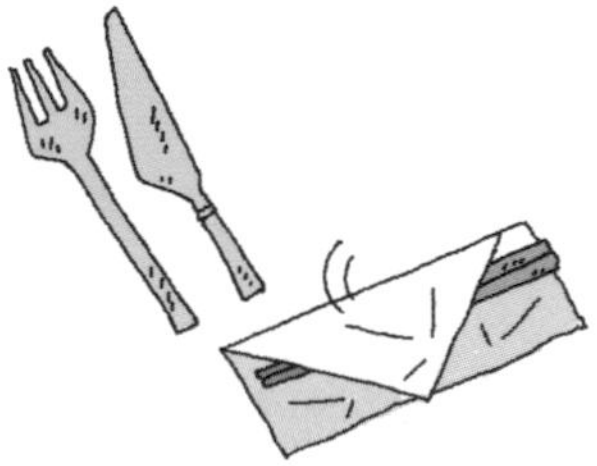

筷子・刀具

舊筷子會對家庭運和財運帶來負面影響。把舊餐具用紙包起來丟掉，可以帶來新的好運。如果換掉舊的刀叉，改用新品，能提升家庭運。

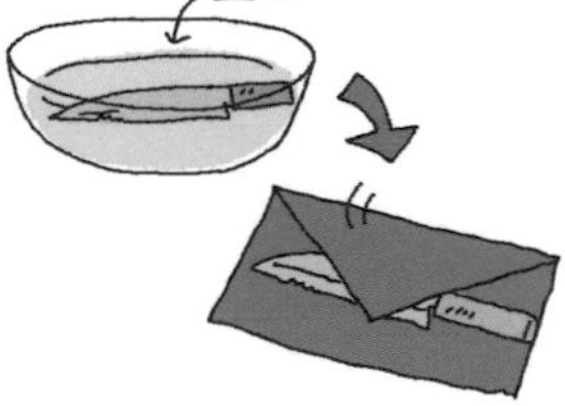

刀刃有缺口的菜刀

會使財運變差，最好先泡在鹽水裡，再包在銀色或黑色的布裡，在雨天丟棄。如果家裡有貸款或負債的話，請選在晴天丟棄。

用厚布把鏡子包起來，就算鏡子有裂痕，碎片也不會飛散開來。

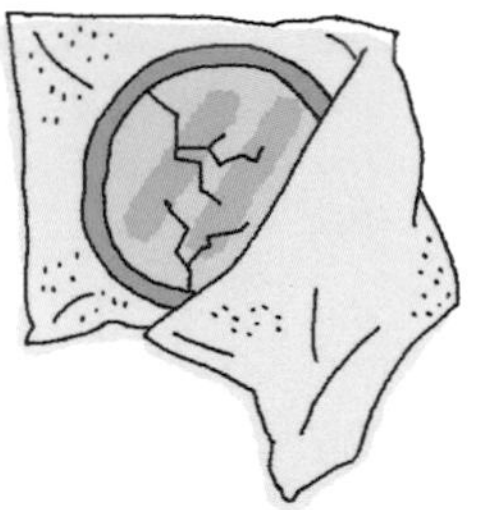

鏡子

將抹布浸在鹽水裡擰乾，再把鏡子擦拭乾淨。用白布或有光澤的布把鏡子包起來再丟棄。將有裂痕的鏡子丟掉有助於擺脫厄運。

可以請佛堂、寺廟協助燒毀。

布偶

如果布偶的臉部髒了，對自己的儀容也會產生不好的影響。把臉部擦乾淨，用透氣的布料或紙把布偶包起來，跟其他垃圾分開丟棄。

不用的東西或舊東西充滿了不好的氣，最好趁晴天上午丟棄，藉由強烈的「火」的氣，可去除厄運，帶來新的好運。

想斷絕和某人的緣分，就把照片包在紫色系的紙或布裡丟棄。

舊情人的照片

會減少新的邂逅。如果只有一張就對半摺，如果有很多張就分成兩部分，讓照片的正面相疊，用白布或紙包起來，在晴天上午丟掉。

重要的信件要收納在通風良好的籃子裡。

信件・郵件

如果留下不要的郵件，會使緣分的氣停滯下來。若是信裡寫著壞消息，或是由不喜歡的人寄來，就放進碎紙機裡絞碎吧。

堆積舊報紙、舊雜誌容易錯過機會。

紙張・書

舊的紙類會吸走青春或成長的機緣，使工作運下滑，容易讓女性產生老化的印象。最好剪下報章雜誌需要的部分，不要囤積，趕快淘汰掉。

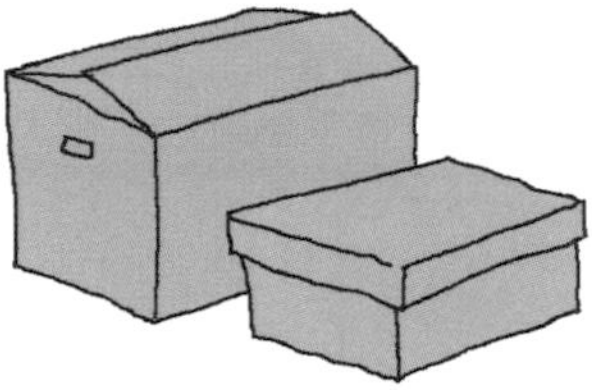

不要的箱子

沒在使用的箱子就跟垃圾一樣，會讓運氣變差。尤其是塑膠製箱子，帶有強大的負面「火」氣，最好趕快丟掉。

像錢包或菜刀等和「金」有關的東西，最好在下雨天丟棄。因爲「水」的氣帶有聯繫、流通的特質，會帶來新的財運。

啪
呼~
終於把環境都弄清爽了！
叮ー咚ー
我們又來了~
好厲害~!!
變得好乾淨~
我也可以做到這樣喔~
嘿嘿♪
這麼一來，一定會有好男人出現……
真知小姐♡
嘻嘻♡
不，還沒喔！
叮——

關於真知的開運步驟
還有可以加強的部分喔！
這個！
開運關鍵
特別注意西北方的浴室，
會招來沒出息的男人！
登——
我看了真知家的
平面圖後發現——
北
玄關
浴室
廚房
廁所
西
東
客廳
南
西北方是主司一家
之主或男性命運的方位，
最適合當工作室。
可是——
這裡卻正好是洗
去厄運的浴室！
嘩—啦—
等等～
討厭～
運氣也一起沖掉了!!
運
運
運

而且像這樣的隔間，會吸引有問題的男人喔～
例如人很好，但沒工作…，雖然很優秀，可是已婚…
啊…
是呀是呀
真知的男朋友全是沒用的男人…
妳說什麼！
雖然的確是這樣…
那，隔間，難道因為這個我就…
嗚嗚
不對，不能怪這個房子出了問題，
真知起來吧
而是戀愛運不好的人，自然而然就會選擇戀愛運低落的房間喔！
啊…糟了…
鏘—
戀愛運低落女

但我既不能改變浴室的位置…
又沒有搬家的錢…
沒關係！
即使是這樣的格局，只要利用風水就能改運喔！
1 首先要徹底清潔！
2 讓浴室質感升級！
選擇高品質的洗髮精等
3 加點金光閃閃的東西
使用織入金線的毛巾等
那我的浴室在屋子的東北方…
只要選擇適合的顏色或物品（→P49）就可以喔！
依房間與方位提升運氣吧！
要打掃
要打掃
刷刷

浴室・洗臉台

浴室是每天洗去災厄的場所，要打掃與換氣保持清潔！

浴室與洗臉台能療癒一整天的疲勞，讓身體保持乾淨。「水」的氣會影響健康運、財運、愛情運，與美容的關聯也很大。

浴室容易滯留濕氣、使運氣變差，所以換氣很重要。正因為浴室是每日清除身體汙垢的地方，所以要記得「使用後馬上打掃」，維持空間的清潔。

注意濕氣、黴菌和水垢

濕氣、黴菌與水垢等髒汙會大幅降低運氣。黴菌會導致皺紋、肌膚乾燥，水垢容易讓儀表的印象變差。

浴室使用過後要擦拭汙垢，打開窗戶或換氣風扇，讓空氣流通。

在除塵拖把上固定毛巾，拭去牆上的濕氣。

擦拭鏡子可提升美容運

根據風水，鏡子裡映照的影像會反映在女性的外貌。如果把房間打掃乾淨，把家裡的鏡子擦得亮晶晶，保持乾淨，對美容運很有幫助。建議每次照鏡子時都順便從上往下隨手擦拭。

浴室・洗臉台的掃除重點

多水的浴室如果有惡氣，會破壞財運與愛情運，對美容或健康帶來不好的影響。建議用小蘇打粉清潔，淨化浴室的氣。

用冷水清洗浴缸，
再用毛巾擦拭，
可避免發霉。

泡澡後把洗澡水放掉，擦拭浴缸

剩下的洗澡水裡有從身上刷洗下來的汙垢，要趁不好的氣在家中擴散之前排光。然後打開換氣風扇、擦拭浴缸，就能提升財運。

脂肪
貧窮

乾淨的排水口有利排毒

排水口阻塞，身體的廢物也容易囤積，人容易變胖，對財運也有壞影響。洗完澡馬上清潔浴缸，不論排水口或身體的代謝都會很順暢。

洗臉台、水龍頭要刷洗乾淨

別讓洗臉台積水垢，使用後趕快擦拭，會提升美容運。若用牙刷清潔，連水龍頭周圍也可以刷得很乾淨。

SHAMPOO
CARE
試用品要趕快用完
或是處理掉。

把過期的保養品丟掉

留下過期保養品會散發不好的氣，容易使人老化請快速淘汰。如果有不會立刻用到的新品，就先放在櫃子裡。

浴室、洗臉台的開運擺設

避免使用會破壞「水」的氣的強烈原色或黑色，運用白色或粉色系，打造舒適輕柔的空間。

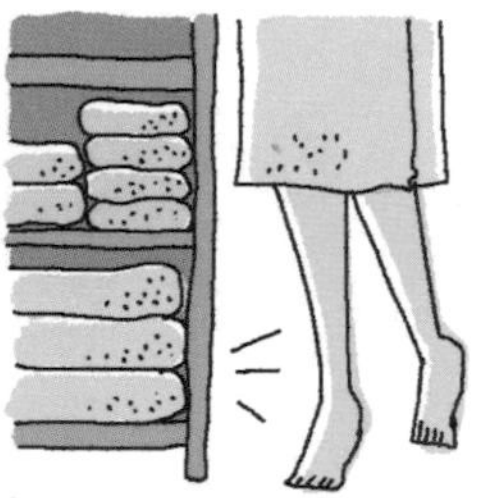

依照擦臉毛巾、浴巾的順序，收納在低於腰部的位置。

用質料好的浴巾擦身體

入浴後擦拭身體，等於是最後一道除厄過程，可以使用觸感好的毛巾。如果用舊毛巾，會讓厄運附著在身體上，所以最好把舊毛巾丟掉。

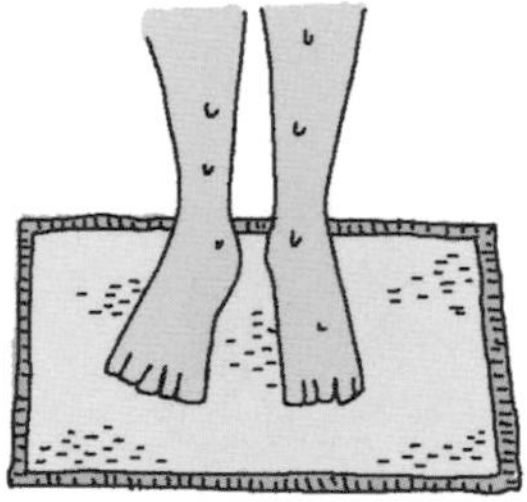

建議使用天然素材如棉、麻等。

從浴室踏墊吸收運氣

人會從腳底踩的東西獲得運氣。尤其是剛洗完澡，站在浴室踏墊上，從這裡會吸收特別多的氣，要經常清洗。

選擇瀝水的皂架。

沐浴用品要裝在瓶子裡

使用相同材質的瓶子塑造一致性。選擇適合方位的顏色、素材（→P19、49）會更好。若浴室沒有窗戶，就用紫色系的物品提升戀愛運與結婚運。

主司財運的牙刷可以收納在櫃子裡，或是放在陶器中。

收納小物讓洗臉台保持清爽

盥洗用品如果散置，會大幅影響運氣。應該把東西收在洗臉台的架層或下方的櫃子裡，把小東西收納在一個容器中，整理乾淨。

待洗的髒衣服會散發不好的氣，最好快點清洗。如果來不及洗，就先放在附蓋子的洗衣籃裡，或是以布巾蓋住。

各方位的浴室、洗臉台開運重點

浴室或洗臉台的汙垢，會導致這個方位主司的運氣流失，所以要多加注意。利用顏色相配的物品，營造出帶來好運的空間吧！

北

當「水」的氣太強，也有可能減低活力或造成停滯。可放置會吸收水氣的植物，緩和一下。擺放粉紅色等暖色系的小東西也不錯。

東北

維持浴室清潔，使用白色、黃色的盥洗用品，或是方形的東西都會帶來好的轉機。如果累積髒汙，家裡的人可能會受傷，要多注意。

東

「木」的方位與浴室的「水」氣可以調和，運勢會上升。如果放置植物，可以預防不好的氣入侵。

東南

記得要為浴室換氣，保持通風良好。如果使用有香氣的沐浴乳或洗髮精，會提高邂逅的機會。

西

西邊髒亂會造成金錢流失，所以要徹底打掃，維護財運。如果運用黃色、橘黃色、金色會更好。

西北

是家中僅次於中心的重要位置。如果徹底打掃乾淨，使用質感好的物品營造出高級的氣氛，可以提升工作運，增加出人頭地的運氣。

南

浴缸的「水」氣會使南方的「火」氣減弱，所以對美容、專業能力造成影響。可以擺放植物保持平衡，或是利用綠色的小東西也可以。

西南

「土」氣的方位，水容易變髒，所以要經常清潔。可以使用陶製的小東西，用一致的顏色營造出讓人放鬆的感覺。

如果把洗髮精等物品直接放在地上，瓶底容易滋生黴菌，造成運勢變差、健康失調。最好放在架子上，或是其他乾燥且容易打掃的地方。

掃除風水⑤

廁所

保持廁所明亮、清潔可提升財運

廁所是家中最容易累積惡氣的地方，所以要比其他地方更徹底清潔，並從擺設下功夫，提升運氣。鮮花或鹽錐、芳香劑能有效抑制不好的氣。

此外，有很多人認為廁所是主司財運的地方，其實廁所與健康的關係更密切。實際上的循環是健康→有精力工作→提高收入（財運）。為了維護健康，廁所要經常保持乾淨。

馬桶蓋一定要蓋上

馬桶是送走排洩物的地方，容易累積不好的氣。如果把馬桶蓋打開，不好的水氣會擴散到空間裡。家中好的氣也會隨著馬桶的汙水沖走，會使運氣變差，要多加注意。

為了避免惡臭擴散，
一定要蓋上馬桶蓋！

不可一直待在廁所裡

廁所是容易沾染惡氣的場所，所以千萬不可以待太久。尤其是帶有「木」氣的書或書架，會吸收惡質的「水」氣，會影響發展運或成長運。最好不要把多餘的東西帶進廁所。

COMIC

把月曆或時鐘放在廁所裡
會耗損健康運，要多留意！

廁所的掃除重點

不好的氣容易往下沉積，每天或每週至少要清潔一次，用加了鹽的水或有殺菌效果的清潔劑擦拭，能加強淨化效果。

地板決定廁所的運氣

以鹽或小蘇打粉清潔，用抹布擦拭，可以去除不好的氣。廁所的四個角落和水槽下也要仔細擦拭，除去灰塵。

別忘了擦拭馬桶

擦遍每個地方，即使是較深的角落也要擦得亮晶晶。在髒汙的地方撒上小蘇打粉，稍微等一下再刷，就會變得很乾淨。

面對頑強的汙垢時，可將清潔劑噴在衛生紙上，蓋在髒汙處，放置一會兒之後，清潔劑滲入汙垢，很容易就能清洗乾淨。

將置物架用布遮起來。

舊的掃除用具會帶來厄運

使用舊的掃除用具，會把已刷去的厄運再帶回廁所。清潔工具也要定期檢查，髒了舊了也要馬上淘汰。

捲筒衛生紙要好好收起來

紙會吸收氣味，如果把衛生紙直接堆放在廁所，很容易沾到廁所不好的氣。應該收納在櫃子等隱密處。

廁所的開運擺設

和浴室一樣，適合白色或粉色系，布置成明亮的空間。因為廁所比較狹窄，可利用有整體感的踏墊或馬桶罩，不要放置多餘的東西。

馬桶罩最好每半年更換一次。
可和踏墊等物品湊成一套。

統一踏墊與馬桶罩的風格

使用同系列的東西，增加明亮溫暖的感覺。適合的顏色有黃色（財運）、象牙色（健康運）、粉紅或橘色（戀愛運與人際關係）。

準備廁所專用的拖鞋

如果把房間穿的拖鞋直接踩進廁所，會連帶地把廁所不好的氣帶到其他房間。一定要準備廁所專用的拖鞋。

黑色或動物圖案對健康運有害。如果家中使用系統衛浴，首先最重要的就是避免濕氣，如果會濕答答的，也可以把馬桶罩取下。

建議在籃子裡放入乾燥薰香素材。

運用高度不同的裝飾，可以產生變化感。

讓廁所充滿天然芳香

天然香氣可促進健康運、財運、愛情運。例如：柑橘香、森林香、薰衣草香都很適合。化學芳香劑容易產生不好的氣，要盡量避免。

利用鮮花或照片增添陽氣

擺放有生命力的花或植物，可抑制不好的氣。放照片或明信片也可以。如果放自己的照片會使健康運變差。

各方位的廁所開運重點

廁所的方位會影響運氣。在打掃時要徹底清掃乾淨，選擇適合的擺飾，布置舒適的空間。

北

屬於「水」的方位，容易感覺寒冷，會影響愛情運、儲蓄運。可以利用踏墊或馬桶罩等物品，選擇溫暖的素材。粉紅色或橘色等暖色系也不錯。

東北

屬於「土」的方位，帶有水氣的廁所特別容易髒汙，所以要仔細打掃，放鹽錐或炭清淨空氣。顏色建議採用白色。

東

帶有「木」的氣，可擺些植物，用紅色或藍色的踏墊或馬桶罩提升發展運。質料建議選擇棉質。

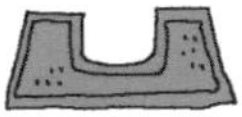

東南

主司人際關係。惡臭會為戀愛運、交友運帶來負面影響，所以要徹底除臭。顏色可運用粉紅、淺綠色等色彩，或是有花的圖案也可以。

西

主司「金」的方位，如果髒了會大幅降低財運，尤其要注意水垢。顏色建議採用黃色、粉紅色、象牙色。

西北

這是與工作運或男性運氣有關的方位，如果有髒汙，運氣會流失。要徹底打掃，營造高級的氣氛。在家裡使用最高級的拖鞋可提升運氣。

南

這是帶有「火」氣的方位，為了與廁所的水氣取得平衡，可以擺放植物。配色可運用綠色系，營造出自然的感覺。

西南

帶有「土」的氣，適合帶有安定感的擺設。可運用褐色、米色等沉穩的顏色統一色系，如果放置植物（帶有土的東西），可提升家庭運。

踏墊或馬桶罩容易吸附臭味，要經常清洗替換。白色的毛巾或腳踏墊比較不會成爲疾病的根源，因此不會累積不好的氣，是最好的選擇。

廚房

廚房是影響財運的地方，要妥善管理廚具與食材

廚房是與「吃」有關，帶來富足的場所。廚房的狀態會決定這一家的財運。

如果帶有「火」的氣的火爐和帶有「水」的氣的水槽及冰箱放在一起，氣的平衡很容易被擾亂，而且影響情人或夫妻之間的關係。廚房有很多廚具或食材，東西很多，所以要經常檢查有沒有不需要的東西，保持乾淨整潔。

藉由植物的氣取得平衡

火爐與水槽相鄰，火與水的氣相接，會影響到財運。如果中間放植物、水果或綠色的東西，藉由「木」的氣就能取得平衡。裝植物的盆子建議用陶器等天然素材製品。

不要累積不用的食材

舊的食材、調味料會吸收不好的氣，讓各種好運流失。用這樣的食材做出來的菜也會有不好的氣滯留，所以不用的食材或調味料要馬上丟棄。此外，就算食材是新鮮的，如果冰箱內部不乾淨，財運還是不好，所以要常保冰箱的清潔。

舊食材	影響的運氣
牛肉	儲蓄運
蔬菜	事業運 青春
水果 甜點 油	財運

廚房的掃除重點

為了避免不好的氣擴散，廚餘或油汙要當場處理、迅速清潔。舊的海綿或布巾會為食器帶來不好的氣，要盡快換新。

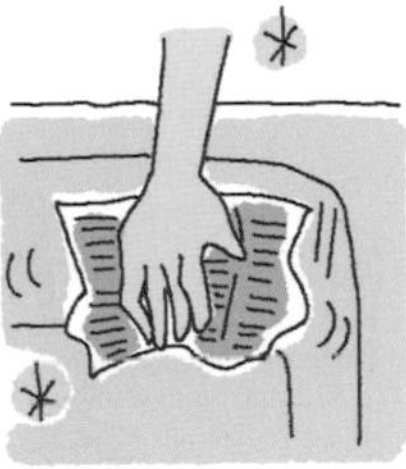
用舊報紙或保潔膜
清理水槽，
不用清潔劑也能乾淨！

把鋁箔紙揉成五元大小放入
排水口，就能防止黏滑。

讓水槽保持閃亮

如果水槽裡有沒洗的食器、食物的殘渣殘留，或是有水垢，都會影響財運。飯後立刻洗碗盤，在水槽裡撒小蘇打粉，用海綿刷得亮晶晶。

用熱水預防排水口的惡臭

排水口的雜菌也會影響運氣，澆上熱水，先用牙刷把黏滑或黑色的汙垢除去，然後再淋上冷水，防止細菌繁殖。

用煮義大利麵的水
來清理火爐。

將沾滿清潔劑的面紙蓋在扇
葉上，或是用布擦拭也可以。

勤於擦拭火爐

如果火爐的周圍有汙痕，很容易誘發衝動購物造成無謂的浪費。如果附著燒焦的痕跡，很容易耗損原有的財運，最好刷洗乾淨。

藉由清潔換氣風扇提升運氣

換氣風扇的髒汙會疏離人與人之間的緣分。把扇葉拆下來，將髒汙嚴重的地方噴上清潔劑，用牙刷刷洗乾淨。

排水口阻塞會使肌膚粗糙，因爲這裡容易堆積汙垢，所以要徹底打掃。

廚房的開運擺設

各種廚房用具可選擇適合廚房方位的顏色（→ P19）。如果用磁鐵在冰箱門上貼各式各樣的東西，會影響財運，要多注意。

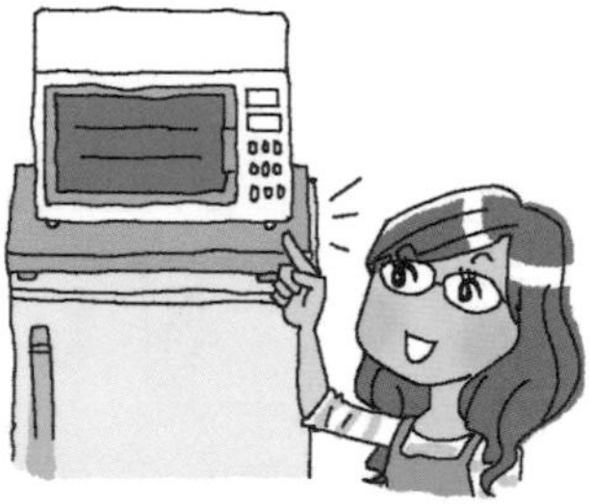

在微波爐、冰箱之間隔著木板

如果在有「水」氣的冰箱上，放置有「火」氣的微波爐，會影響財運。為了讓氣保持平衡，可以用木板或磁磚、紅磚隔開。

選有蓋的垃圾桶

蓋子可以遮蔽垃圾的惡氣，垃圾桶的質材可選木頭或不鏽鋼。廚餘要把水分瀝掉，裝在塑膠袋裡密封，盡快倒掉。

木製砧板須經常放在太陽下消毒殺菌。

砧板保持清潔並殺菌

變髒變舊的砧板會影響儲蓄運，促成不必要的浪費。如果選擇有殺菌效果的木砧板，或是不容易繁殖細菌的玻璃製品都能提升財運。

點點或格紋的踏墊對財運有幫助！

注意廚房踏墊的髒汙

廚房踏墊會中和廚房強大的火氣，如果弄髒，結婚運、家庭運會變差。建議可採用帶有「木」氣的棉製品，而且要洗乾淨。

鍋子象徵著居住者的運氣。不用的鍋子會使運氣變差，盡可能減少。鍋子如果有焦痕會影響財運，可以在鍋子煮水加入小蘇打，去除汙垢。

各方位的廚房開運重點

廚房同時有火和水的氣，容易失去平衡；而且容易髒汙，要勤於打掃。參考各方位的重點，就能提升財運。

方位	重點	方位	重點
北	廚房如果在這個方位，「水」氣會很強，水垢或過期的食材會對財運造成負面影響。保持清潔、暖色系或溫暖的氣氛，可以促進人際關係或男女之間的感情。	東北	這是適合收納的方位，應該要好好整理。適合用陶器或方形的小東西，顏色以白色、黃色最佳。 
東	使用電子秤或計時器等測量工具，能提升財運。如果沒有窗戶，選擇紅色的小物件可加強健康運。 	東南	這個方位的氣味很重要，如果廚房有惡臭會讓運氣變差，處理廚餘時要特別注意。適合用木製品或琺瑯製的小東西，顏色以淺綠色、粉紅色最佳。
西	這是與飲食、財運有關的方位。花在飲食開銷若是很多，會有散財的傾向。適合用白色、圓形的食器與小東西，如果使用陶器，財運會更好。	西北	平常要選用有質感的食器，避免流於廉價的感覺，會提升運氣。顏色可以選擇金色或米色。 
南	水晶製的小東西或是閃閃發亮的刀叉都能帶來好運。顏色可以白色為基調，搭配綠色和橘色。 	西南	整體的統一感很重要，利用褐色或米色等讓人放鬆的顏色，或是素面、陶瓷等感覺溫暖的生活雜貨，會讓運氣更好。

餐具要整齊收納在架層上。食器表示一個人的度量，平常就要使用質地佳的碗盤，並愛惜地使用，自己也會有相應的成長。

掃除風水⑦

陽台・庭院

這些空間可以加強運氣，如果布置出美麗的景觀更好

除了玄關以外，陽台或庭院也是氣的重要出入口。如果打掃乾淨，就能改善目前所欠缺的運氣。不要只用來晾衣服，除了實用的用途之外，如果再種些植物美化空間，就能提升運氣。不過，如果陽台或院子有落葉堆積，或是擺放枯掉的植物，反而會招來不好的氣，所以要時時留心照顧。

藉由園藝提升運氣

種植符合季節的植物，營造出美觀又生意盎然的空間，就能大大提升好機會降臨的機率。不要讓落葉堆積，要勤於清掃。此外，如果院子裡有樹，要稍微修剪，讓陽光曬進房間。

把植物栽種在陶器或木製、沒有上釉的陶製花盆，會長得更好。

在庭院度過優閒時光

在庭院裡從事園藝、做些讓自己開心的事，會讓運氣變好。如果有足夠的空間，可以在這裡喝茶，度過輕鬆優閒的時光，此舉更能大幅提升運氣。如果陽台或院子裡有燈光照明，也會點亮好運。

陽台．庭院的掃除重點

如果在陽台或院子放置不用的東西或垃圾，那麼從落地窗進入室內的氣也會變差。務必記得不要放置多餘的東西。

把橘子皮剝碎撒在地上，代替清潔劑。

保持陽台地板乾淨

地上有泥土或落葉堆積，容易使運氣變差。如果把報紙撕碎沾濕，撒在地上再掃，可以把灰塵掃得更乾淨。

用半濕半乾的報紙擦玻璃，可以擦得很透亮。

從上往下將厄運除去

從上往下擦玻璃，可以把累積的厄運除去。如果有人際關係的問題就從外側開始擦，如果有家庭問題就從內側開始。

窗戶和鏡子一旦髒汙，就會讓人外貌變差、大幅降低邂逅的機會。尤其是女性，特別容易產生肌膚問題，如冒青春痘等，要仔細留意。

在吹強風的日子裡，清潔紗窗可以提升運氣。

清潔紗窗可招來新的運氣

紗窗如果有灰塵阻塞，會妨礙氣的循環。以浸過鹽水的抹布擦拭，將帶來新的好運。

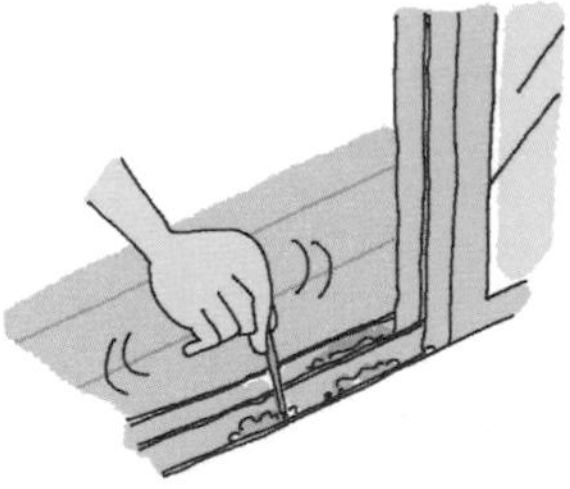
窗戶的溝槽可以用牙籤清潔。

窗戶的窗軌可以用牙籤清潔

玻璃窗的窗軌很容易累積吸塵器或抹布無法清除的灰塵。可利用牙籤或棉花棒清潔乾淨。

收納櫃・抽屜

在儲藏物品與運氣的空間，妥善運用收納

收納空間也就是儲備運氣的空間。如果抱持著「反正一直放著也沒關係」的心態囤積東西，新的運氣就不會再來。此外，如果因為眼不見為淨，就把各式各樣的東西亂塞，原本該儲備的運氣也會隨之消失。

要定期檢查收納空間，把不用的東西淘汰或回收。物品只占收納空間的七、八成是最理想的狀況。

徹底除濕與換氣

收納空間如果濕氣太重，會影響運氣。濕氣和厄運都會累積在下方，所以在收納櫃的下方可以放置除濕劑或鋪上除濕紙、報紙。每週打開一次儲物櫃的門以利於通風，並定時整理，以免影響氣的流通。

如果東西塞得太滿，厄運會無法逸出。

用鹽、炭清淨空間

把鹽裝在玻璃瓶等小容器中，放在收納空間，可以除去累積的惡氣，清淨空間。炭也有同樣的效果。為了讓氣循環，最好把鹽罐放在收納空間的四個角落，如果有點勉強，放在一兩處也有效果。

收納櫃、抽屜的掃除重點

在打掃時把東西全部拿出來，將灰塵擦淨後用濕抹布擦拭。建議在晴天時用濕布擦過一次。

換季時的打掃與整頓

把衣服全部拿出來，用濕布擦拭收納空間。仔細清潔角落與夾板，可以提升運氣。同時也要把門後的角落或門軌上的灰塵擦乾淨。

整理衣櫃時讓空氣流通，會增加邂逅的運氣。

淘汰不要的衣服會有機會認識其他人

已經不穿的衣服、穿起來不舒服的衣服容易累積不好的氣。布料掌管緣分，舊衣服會妨礙認識其他人的機會，可以先洗淨再送去回收。

衣服可根據種類收納，如果衣櫃分成兩層，上層可以放短袖、料子比較薄、顏色明亮的衣服，下層放長袖、料子厚、顏色暗的衣服。

定期用濕抹布擦拭抽屜

把東西全部取出來，用濕布把抽屜擦乾淨。若習慣用塑膠袋收納不用的電器，會讓機會跑掉，最好用素色的棉布或亞麻布包起來。

把物品上的灰塵擦掉，按照不同種類收納。

NG的空間風水與對策

隔間會影響人各方面的運氣，可藉由室內設計改善。打掃是適合全部方位、各種運勢的開運法，要徹底實行。

戀愛運．美容運

西 窗戶

除了容易老化，也要小心陷入不倫之戀。下午4點以後，就要把窗簾拉下，避免陽光曬入。如果選擇粉紅色的窗簾，較能保持年輕。

北 出入口．窗

留不住愛情，心情無法保持平靜。可利用暖色系布置，加上溫暖的照明。窗戶可以早點關上。以帶有南國風情的繪畫裝飾也不錯。

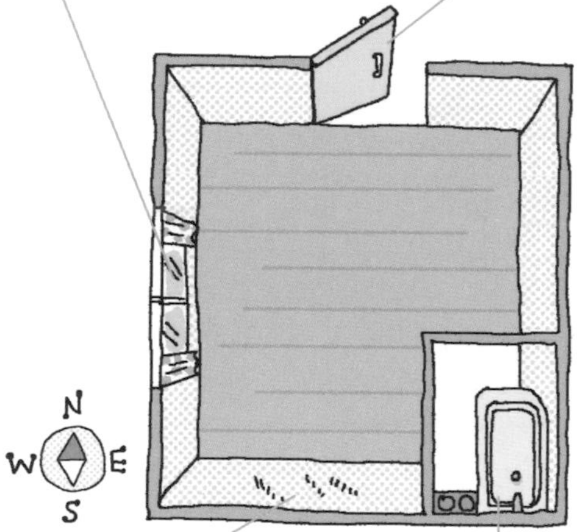

南 髒亂

主司美的方位如果有髒汙，可能會導致變胖。把東西妥善整理，房間乾淨體質就容易瘦。放些水晶等會發亮的東西也很好。

東南 浴室

浴室髒亂會使運氣變差，戀愛或肌膚狀況都會出問題。要徹底清除水垢及霉菌，保持通風良好。如果有窗戶，讓光與風透入室內最好。

健康運・心理狀態

西北 浴室

在夫妻關係中，太太會比較強勢。打掃乾淨、營造出高級的氣氛，會提升男性的運氣。單身的女性會有良緣。

北 廁所

如果骯髒或寒冷，會使心情不穩定，男性容易外遇。可採用粉紅色、橙色、酒紅色的生活用品，或添加溫暖的照明。

如果在西邊放電視，容易變得懶散，要多加注意。

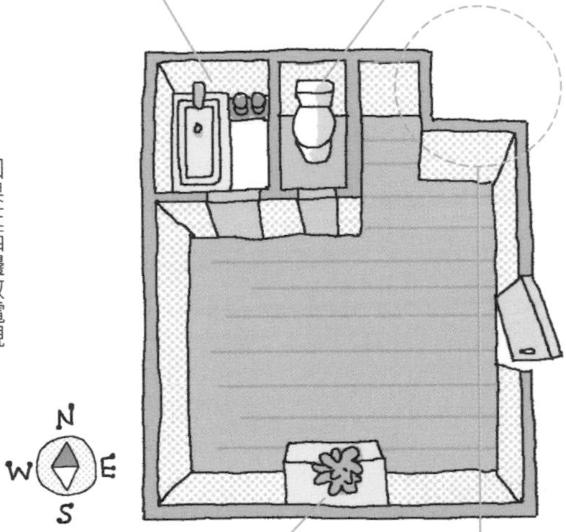

南 放置與水相關的東西

會與南方的「火」氣不合，容易導致眼睛相關的病變，如視力變差，或是變得容易生氣。不要設置水槽或是有水的花瓶。

東北 髒亂・缺角・樓梯

如果有髒汙會容易受傷。如果室內有缺角（→P18）或樓梯，為了補強欠缺的運氣，務必清潔乾淨，保持明亮。如果室內有缺角，可以擺鏡子。

如果床鋪的樓上或樓下是廁所、浴室或廚房，會變得容易發怒。可以使用白色的床單、寢具，並在床與地板之間鋪上白布阻斷影響。

NG的空間風水與對策

財　運

西　大窗戶

有窗戶容易散財，而且不容易存錢。可以掛上黃色或米色的窗簾，下午4點就拉上。

北　出入口・窗戶

不容易存錢，可採用粉紅色、橙色的小物或窗簾。如果有窗戶的話，早點把窗簾拉上，在窗前擺放家具來存放存摺可改善財運。

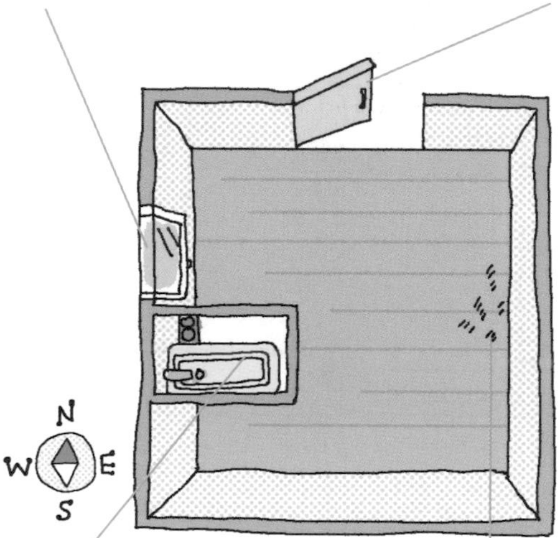

西　浴廁・廚房

女性有淪為卡奴的危險。要勤加打掃、換氣、擺鹽錐除去厄運，以黃色、金色的風格讓房間看起來金碧輝煌，就能提升財運。

東　髒亂

身體會不舒服，對健康運、財運會有壞影響，要徹底打掃。放置紅色的小東西，擺設音響播放有活力的音樂，提振精神。

如果在房屋中心有浴廁和廚房，很容易錯失機會，要擺放植物。凹凸不平的隔間或明顯的缺角會使運氣不好，可在牆上掛鏡子補強。

工作運

西北　髒亂

會減弱祖先或神明的保佑，與上司的關係也會變差。最好保持乾淨，擺設神壇。

東　沒有窗戶

會變得缺乏幹勁。可以利用照明讓光線變亮、擺放紅色的小東西，播放電視或音樂讓空間變得熱鬧。

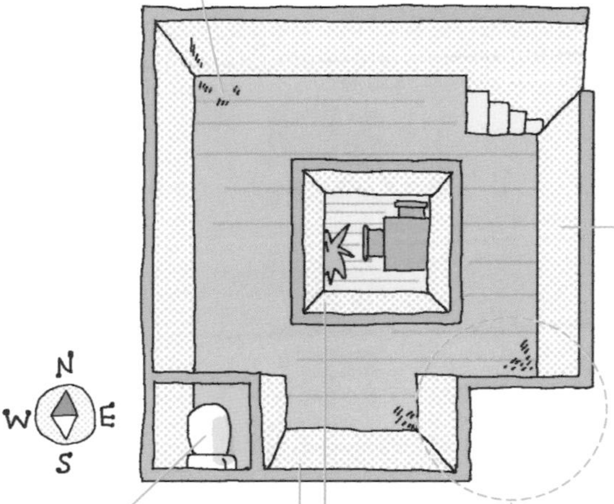

西南　浴廁・廚房

會變得沒有耐心，女性可能會感到不安易怒。除了保持乾淨，建議還可擺放褐色的家具，帶來沉靜的感覺，或是擺放綠色植物。

東南　髒亂・缺角

髒亂會使居住者與他人及社會的緣分變差，所以要打掃乾淨，保持通風良好。缺角的地方可以擺設鏡子。

南　沒有窗戶

會難以施展才能，可以擺兩盆植物彌補這個問題。會發光的小東西、水晶、鏡子也很有效果。

中央　天井・浴廁・廚房

在重大時刻會失常，錯過機會。在天井下方的樓梯中央可放置大盆植物，如果是浴廁或廚房，要勤於清掃。適合擺設紫色、薰衣草色的東西。

第二章 戀愛風水

藉由衣著、飾品、指甲油提升戀愛運！
開心地運用風水
會帶來很棒的戀情喔！

早安~
家裡的大掃除終於結束了！
好厲害
很順利呢~
說不定會發生好事~
那樣就好了
嘶
嘎啦嘎啦
哇
啪啦
clean
危險！
滑倒
妳沒事吧？
難道是命中注定的相遇!?
妳沒受傷真是太好了！
是呀
……

請用~
剛才真是非常不好意思…
不會不會
神崎先生是客戶A公司的業務，
他工作很有效率，對我們幫助很大！
這位是我們公司職員小深真知。
既親切，工作能力又強，好棒~
神崎先生是這樣的人
嘻嘻
你就記得她是小豬真知吧~
很像豬吧
呵呵…
鏘—
噗—
機車部長！
CAFE
胡說八道~
不過——妳這樣狂吃蛋糕…
嚼
嚼
下班了嗎？
我也是剛幫人看完風水回來
正在為真知打氣…
咦？

怎麼這麼說呢……
說是小豬……
人家好不容易才透過風水帶來好的緣分……
嗚……
嚼嚼
可是，不論遇到多好的對象對我來說還是沒用……
我有點胖
工作錯誤百出
又不夠女孩子氣
我希望自己長得像風美一樣漂亮啦！
嗚嗚嗚嗚
這跟是不是天生的沒有關係喔！
風水不能改變一個人的長相，但我們可以讓自己感覺更耀眼呀！
我也是開始運用風水後，大家都說笑容變得更甜美了~
哈
哈
我所能做的就是透過風水幫助大家找到自己的幸福。
如果真知真的想得到幸福，讓我來幫助妳，好嗎？
即使像我這樣也有用嗎？
那當然！

喝
我要變漂亮，跟好的對象結婚!!
知道了，我們會幫助妳！
就是這個！
開運關鍵
提升戀愛運
閃耀動人・亮晶晶
光澤滑潤
讓頭髮、眼睛、肌膚看起來很美，
眼睛要水潤動人
擦亮鞋子、耳環、眼鏡就能提升戀愛運！
同時，與美容、瘦身有關的方位是南方！
這是光線照射最強，事物看起來最明亮的方位！
哇
在這裡擺鏡子，脂肪或肌膚紋理都能看清楚！
美容的祕訣就是瞭解自己，然後改善！
保養自己，變得更漂亮吧！
蛋糕一天最多只能吃一塊喔～
咦——
好吧！我會努力～

戀愛風水

談一場好的戀愛，整體運勢都會變好

女性帶有水的氣，談戀愛時運勢會上升。在談一場好的戀愛時，不論是人際關係、工作運、財運、健康運等，各方面的運勢都會變得更好。

相反地，如果戀愛時處處忍耐或勉強，會產生反效果。在戀愛中感受到幸福感是件重要的事。如果總是處於負面狀態或消極的心境，也會招來不幸的戀愛。所以要把房間布置得乾淨舒適，形成正向狀態，帶來美好的戀愛。

以適合的顏色和圖案提升戀愛運

粉紅色是各方位都適用的顏色，能提升戀愛運。如果房間裡的色彩很單調，會不利於戀愛，可放些小東西添加色彩。

另外，條紋圖案會帶來良緣，而圓點圖案能使戀愛進行得更順利。

風的氣對戀愛很重要

即使渴望幸福的戀情，如果只是等待，什麼事都不會發生。把房間打掃乾淨、保持通風良好，再做些與以往習慣不一樣的事情，就會產生風的氣，帶來新的邂逅。

更換房間的布置、學習新的事物、去新的地方等，就能形成風的氣，增加認識的機會。

帶來邂逅的風水

最重要的方位在東南方，數字 4 不論對戀愛或人際關係都很有幫助。
缺乏季節感的房間會錯失認識人的機會，可按季節替換花或小物。

在南方放置裝水的花瓶易導致吵架或分手。

東南

在東南方或餐桌上擺花

適合放4朵顏色不同的花，或是4朵粉紅色的花。配上長春藤或較長的葉子，效果會更好。餐桌的花會帶來結婚的緣分。

在東南方放照片與有香味的東西

擺放心儀的人的東西或照片，會加深彼此的緣分。香氣會帶來良緣，可以擺放古龍水或香水瓶、芳香劑。尤其是春天花香的氣味最適合。

插花可運用粉紅色（愛）、橙色（結婚）、白色（與健康的人、運動員的緣分）、黃色（與有錢人的緣分）、藍色（與工作表現良好的人的緣分）、紫色（除去惡緣）各種顏色組合。

使用味道好聞的香皂

香皂是贏得他人好感的法寶。帶有花和水果香氣的高級香皂會提升人際關係。如果要提升戀愛運，特別推薦玫瑰香氣。

在玄關擺兩雙拖鞋

就算沒有心儀的人或戀人，準備兩雙拖鞋替換著穿，兩雙拖鞋會想找到各自的主人，締結良緣。

骨董小東西、家具、二手衣物（接收自家人的除外）這些物品承載著前人的運氣，不適合年輕女性使用。最好趕快替換成新的東西。

為感情加溫的風水

配合帶來邂逅的風水（→ P73），在北方營造溫暖明亮的空間，可加深男女之間的感情。如果想結婚，橙色的效果很好。

以夏日風情或帆船的圖像裝飾牆面。

調整燈泡的瓦數，可讓照明更明亮！

在北方玄關營造溫暖的氣氛

如果玄關在北方，就算有機會認識對象，也不容易加深彼此的感情。可以採用深粉紅色或橙色、酒紅色等暖色調。

為北方的廚房增添溫暖

北邊的廚房感覺特別寒冷，容易讓人情緒不穩、吵架。可運用粉紅色、橙色的踏墊或圍裙，塑造溫暖的氣氛。

東南

上面蓋布墊，塑造溫暖的形象。

在東南方放手機

東南方是資訊與溝通的方位，如果把手機放在這裡，比較容易接到心儀的人打來的電話，或是得到好的資訊。

不要用單色調或金屬家具

不鏽鋼、金屬等帶來寒冷印象的家具，會造成人際關係冰冷，使戀愛運、家庭運變差。建議改用天然素材的家具。

預防劈腿·期待復合的風水

如果要防範變心，保持浴廁及廚房乾淨非常重要。尤其是西北方水氣多的地方容易促成劈腿，要徹底打掃。

與戀人擁有相同的東西

每次使用這樣東西時，就會想起對方。如同樣圖案的碗，同一品牌但設計不同的杯子，讓這些成雙成對的東西逐漸增加。

清掃水氣強的空間

戀人家裡的浴室、廚房、廁所如果有黴菌、水垢，容易誘使劈腿。雙方家裡這些空間都要維持乾淨。

換掉黑色的服裝、內衣

黑色是象徵祕密的顏色，黑色的衣服或內衣代表祕密主義，也會引發變心。把衣服和內衣換成明亮的顏色。

在東南方測試復合的可能性

在東南方放舊情人的照片或紀念品，和植物擺在一起。如果三個月後植物沒養活，對方也沒有主動聯絡，就沒有復合的希望了。

美容風水

在南邊觀察自己，可提升美容運，變得更漂亮

南方是美容重要的方位。陽光大量灑入，能將事物看得一清二楚。在這裡觀察自己的體態，如果體形走樣、肌膚粗糙，一眼就可以看出來。

把南方清理成明亮清爽的空間，同時把鏡子及浴廁的髒汙除去，就能提升美容運，逐漸變得亮麗動人。

把浴廁、廚房打掃乾淨

浴室、廚房、廁所等水氣多的地方如果弄髒，對外表會帶來負面影響。此外，洗臉台鏡子反映的鏡像，表現出這一家女性的外表，要保持潔淨，把衣物或小東西整理好，插花裝飾，就算只有一朵也好，可以提升美容運。

保持鏡子亮晶晶

鏡子會影響儀容，所以要時時擦拭得亮晶晶。乾淨的鏡子會提升運氣。

先將整面鏡子從上往下擦拭，如果希望變漂亮，接下來再左右擦拭，如果想提升工作運，就再次以直向擦拭。

梳妝台不要擺多餘的東西，讓鏡子裡照出來的畫面維持清爽。

美容風水的重點

在南方整理出清爽明亮的空間，可以提升美容運。重點是數字 2。把家中的玻璃杯、玻璃窗、鏡子都擦乾淨，會讓南方的影響力加倍。

可以在窗邊垂吊
會折射光線的裝飾品。

在南方放置會發光的東西

如果南方有窗戶，把玻璃、窗框、把手都擦乾淨。擺設水晶等會發亮的東西，會讓好的氣擴散到空間中，帶來幸運。

綠色和金色是幸運色！

在南方放置成對的東西

擺放一對茂盛的盆栽，或是用金色的緞帶固定窗簾，金光閃閃的氣氛有助於提升美容運。

南方是象徵復活的方位，如果擺設一對植物，可以達到抗衰老的效果。

淘汰壞掉、有裂痕的鏡子

破裂的鏡子會導致代謝低下、肥胖等問題。如果想減肥，要檢查隨身攜帶的小鏡子或化妝品，把不用的鏡子淘汰掉。

鏡子上不要貼吸盤式掛勾

貼吸盤式掛勾不但看起來礙眼，也容易沾上髒東西，讓運氣變差。要經常把鏡子擦乾淨，不要貼上多餘的東西。

幫助減肥的風水

利用木的氣消耗多餘的脂肪，如果不注意會容易老化，而且影響工作運與發展運。骯髒的房間會使體脂肪增加，要徹底打掃乾淨。

在南方照鏡子，檢查全身

在南邊擺設全身鏡，每天照鏡子就會加強瘦身的意念。或是在南方擺放體重計，經常測量也很有幫助。

在餐桌擺放藍色小東西

藍色有抑制食慾的效果，運用在餐桌上，有助於瘦身。旁邊布置粉紅色的花，比較容易產生滿足感，可防止吃太多。

穿新鞋走路

帆布鞋會增加活力與行動力。穿新鞋走路除了有瘦身的效果，也會增加認識別人的機會，可說是一舉兩得。

美肌、美白的美容風水

如果要美化肌膚，除了南方以外，東南方也是個重要的方位。在東南方放置一杯乾淨的水，如果這個位置是廚房，打掃乾淨就能提升美容運。

南

頭髮糾結在排水口，
會招來不好的戀愛，
要放濾網並清潔乾淨。

在南方放化妝鏡

把鏡子擺在南邊，化妝時臉朝南面，對外表與才華都有幫助。在浴室洗臉台化妝會讓美感消失，要盡量避免。

換氣風扇與排水口須保持清潔

不論是什麼方位，這些髒汙都會使肌膚粗糙，要多加留意。每天經常把附著物除去，維持乾淨。

酒

在洗澡水中添加日本酒和鹽

放入日本酒和鹽，可以排出體內的毒素，而且達到美膚、美白與保濕效果。日本酒約半杯，鹽一撮就可以。

舊毛巾會使肌膚粗糙

用老舊且觸感不好的毛巾擦拭身體，會為剛洗乾淨的身體帶來厄運，而且使皮膚變粗糙。毛巾可以時常替換。

日常作息好風水

運用風水節奏 調整為好命的體質

配合風水的重點過日子，從日常生活中就能吸取好運，獲得幸運體質。

此外，享受季節的變化，更容易掌握到不同時期的機緣，成為好命的人。我們可以配合季節飲食與打扮，改變房間的布置，參與不同季節的節日活動。

時間的五行

每天的時間裡也有五行（↓P16），配合五行生活，運氣會更好。

※時間後面列的文字（如：木、火），就是五行。

5點～（木）

吸收一整天運氣的時間。曬一曬大清早的太陽，吃美味的早餐，對工作與人際關係都有幫助。

11點～（火）

這時直覺最靈敏，適合企劃或提出新的點子。尤其12點以後火氣最旺，也可以進行午餐會議。

13點～（土）

集氣的時間。適合按部就班完成工作，或是暫時休息，補充自己的元氣。

17點～（金）

如果能愉快地度過這段時間，財運會提升，身心會滿足。可藉由聚餐、興趣和進修，讓生活更充實。

23點～（水）

是好運重整再生的時間，最適合聽聽音樂、舒展身體，或是優閒地洗澡，度過放鬆的時光。

早晨的開運重點

早上是新運氣形成的時段。盡量早起曬太陽，好好補充一天的運氣。

迎接晨光，保持通風

朝陽可以除去不好的氣，帶來新的好運。起床後把窗戶打開，迎接陽光吧，如果有風吹過，還可以提升邂逅的運氣。

最晚也要在早上十點前曬到陽光。如果想要強力扭轉目前的運勢，建議更早起床，多曬曬清晨到早上八點之間的陽光。

不要一口氣喝完，
要慢慢地喝，
讓水浸透到身體裡。

藉由一杯水洗去不好的氣

早上先喝一杯水，排出體內不好的氣和毒素，促使新的運氣形成。如果水太冰對身體有害，要喝溫水。

一定要吃早餐

早餐對於吸收早上的氣很重要。如果沒吃早餐，無法產生一天的活力，機會也會減少。吃好吃的東西，可以讓運氣變好。

建議早餐吃蛋料理或水果喔！

早餐如果有牛奶或添加奶油的湯，會提升戀愛運。帶有酸味的沙拉醬或柑橘類果汁可加強工作運。

午間的開運重點

中午的陽光可說是使人「發揮才能的太陽」。可以在公園或露天咖啡座等地吃午餐，散散步，吸收太陽的能量。

與人對話時，想法也會變得越來越清晰～

午餐要選擇有日照的地方

在露天咖啡座或擁有落地窗的店面午餐，能吸收太陽的能量。通風良好的地方還會提升邂逅的機會及工作運。

鋪午餐墊會讓財運穩定。

吃午餐前整理辦公桌

如果要在自己的座位吃午餐，先收拾和工作相關的東西，會發出電磁波的電腦也先關掉。在能享受用餐樂趣的地方吃午飯，也會讓運氣變好。

下午茶時間吃甜點

甜食會提高戀愛運、財運。如果搭配奶茶、牛奶咖啡或有香味的茶，可提升戀愛運。

和其他人一起喝下午茶，好運也會加倍！

下午茶不限於甜點，當令的水果也很適合。補充點心會讓運氣更好，得到更多機會。

夜晚的開運重點

晚上把當天累積的疲勞或壞氣消除，重新形成好的氣，是一段非常重要的時間。讓心與身體都獲得充分休息，使運氣更順暢吧！

嘗試新事物

試試和平常不同的事物，會增加邂逅的機會。可以先從嘗試不同的菜色、去沒去過的餐廳等開始，就從生活周遭的小事著手。

回家後就放鬆心情

立刻卸妝，清潔保養肌膚。換上居家服，徹底放鬆。度過舒適的夜晚，會讓戀愛運提升。

把好事寫在日記裡

例如「穿這件衣服遇到了幸運的事」、「去這個地方發生很好的事情」等，在同樣條件下，如果發生兩次幸運的事情，就是自己專屬的好運象徵。

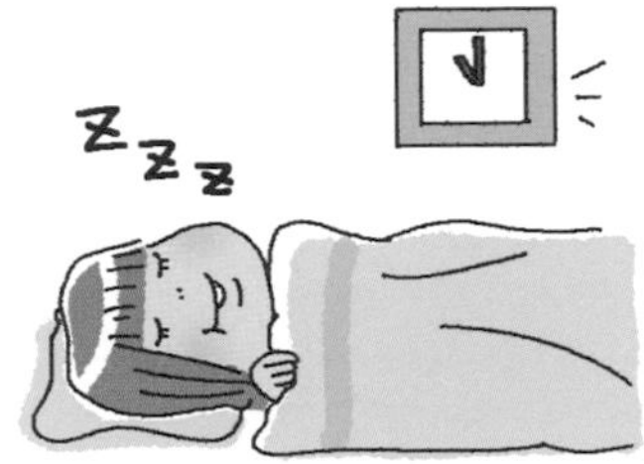

晚上 11 點前上床睡覺

11點前上床，晚上12點能真正入睡，這麼一來，就能順利醞釀好運，而且也能好好修復肌膚，對美容很有效果。

如果發生不好的事，寫在日記裡能破除厄運，有消災解厄的效果。

沐浴風水

舒適的沐浴時光，會讓運氣變好

一天結束後，洗澡可把當天累積的厄運沖洗掉。洗澡不只是把身體洗刷乾淨，也是改運的重要時刻。洗澡時如果能慢慢放鬆，睡覺時也會順利醞釀出新的好運。

尤其對女性來說，洗澡更是提升運氣的關鍵。可以利用清潔用品或入浴劑等沐浴用品，度過一段愉快的時光。

在浴缸把厄運洗掉

只是淋浴還無法把當天的疲勞洗去，災厄還會殘留在身上。可以的話盡量泡在浴缸裡，把當天的疲倦與厄運洗去。如果代謝狀況好，順利排出毒素，睡眠品質也會更好。

如果沒有時間，就用鹽按摩身體淋浴。

利用小東西改變氣氛

洗澡時的氣氛也會影響到運氣。點蠟燭、洗花瓣浴的豪華享受能提升運氣。

此外，用花裝飾會提升戀愛運、結婚運。鮮花效果最好，如果有難度，使用帶有花香的清潔用品或入浴劑也可以。

沐浴的開運重點

倒一些入浴劑，享受喜歡的音樂或書籍雜誌，度過愉快的時光。如果洗澡時間愉快，戀愛也會很充實。

可以使用帶金粉的入浴劑，閃閃發光會帶來好運。
WEDDING

用入浴劑帶來好運

如果想提高某種運氣，建議用天然系香氛（→P121），或是適合浴室方位顏色（→P19）的入浴劑。

洗頭時放點粗鹽搓洗，效果會很好。

以天然鹽除去厄運

如果有不愉快的事情，可利用鹽浴除去厄運。或是倒點薰衣草油，以強力的淨化作用消除疲勞。

用自己的吉祥方位（→ P176）所生產的日本酒倒入浴缸中，可減緩戀愛方面的壓力，紅酒可增進戀愛體質。酒類只要半杯就足夠。

可以用水果圖案的沐浴海綿～

與水果相關的沐浴品會增強女人運

洗澡洗得乏味無趣會減少男人緣，可運用有水果顏色或香氣的沐浴用品增加女人味，提升戀愛運。除了促進費洛蒙之外，還會改善氣色。

ZZZ

濕頭髮會附著厄運

洗完頭髮象徵除去厄運，但如果放著濕頭髮不管，厄運又會附著上來。一定要把頭髮吹乾。

睡眠風水

深層、舒適的睡眠
對美容和戀愛都很有幫助

舒服又安穩的睡眠，會讓人獲得好運，使白天充滿活力。運氣變好以後，會帶來好的戀愛，也會使人更美麗。

可運用柔和的光線營造出適合放鬆的空間，透過音樂或香氣，在睡眠中獲得更優質的運氣。

透過音樂幫助入睡提升運氣

睡覺時聽的音樂對運勢影響很大。入睡前放古典音樂或自然音樂，會獲得安定與充實的好運，也能提升愛情運。與水相關的聲音也不錯，可利用小溪的淺流聲或海浪的聲音幫助入睡。

聽到音樂聲就睡不著的人，
可以趁入睡前放點輕音樂～

香氣可促進戀愛體質

臥室裡有香味，會讓自己變得更美，也會加強愛情運和邂逅的機會。

香氣能治療身心，有助於塑造戀愛體質。入睡時適合玫瑰或薰衣草、茉莉、洋甘菊等甜美的花香。

有香氣和花的臥室
最能提高戀愛運！

睡眠的開運重點

如果睡覺時窗戶和窗簾都開著，可能會受到不好的氣影響而睡不安穩。最好把窗戶和窗簾拉上，營造出可安心入睡的環境。

西
朝西雖然會睡得安穩，
但是不利於結婚運。

改變枕頭的方向，運氣也會改變

北＝儲蓄，東＝健康，西＝休息，南＝才能，枕頭的方向改變，運氣也會不同。東方與南方適合戀愛，但西方相反，要多注意。

木製的床比較安定，
有助於形成好運。

床鋪布置得女性化

使用純棉等觸感好的寢具，會帶來好運。淡粉紅或蕾絲、碎花圖案都能提升戀愛運。

最適合插當季的花！

在起床後第一眼看到的地方擺放鮮花

人會吸收醒來後第一眼看見的東西的氣。骯髒的環境會讓運氣變差，所以要整理乾淨。裝飾花或植物會提升戀愛運。

開著燈會影響睡眠……

把手機、電腦關掉

電磁波會妨礙進入熟睡，睡前15分鐘先把手機和電腦關掉。如果電視機還開著，會無法消除疲勞，一定要避免。

花花風水

花朵會帶來各種幸福，如果在房間裡插上一朵當季的花，會帶來很好的邂逅或進一步發展成戀情。

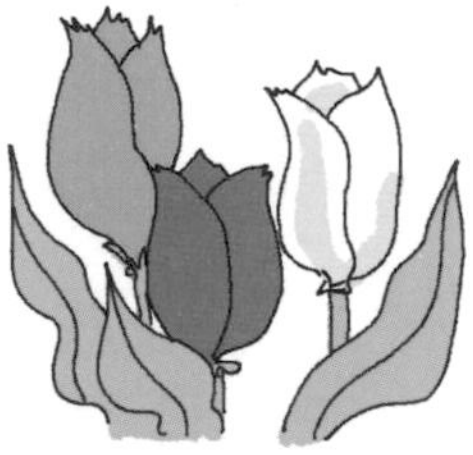

玫瑰

帶有強烈的陽氣，可提升整體運勢。粉紅色有助於戀愛運、美容運，珊瑚色有結婚運，黃色可提升財運。

鬱金香

會讓女性看起來更可愛，提升愛情運跟人緣。在東北方放白色鬱金香能增加活力，在西方放粉紅色鬱金香會帶來喜悅。

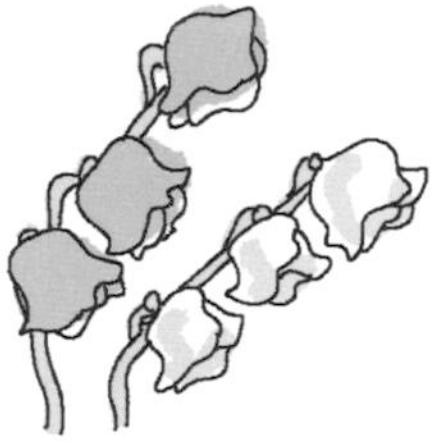

香豌豆花

香氣能帶來良緣，如果希望有新的邂逅，可以搭配白色和粉紅色的香豌豆花裝飾，效果會很好。

瑪格麗特

帶來平穩幸福的戀愛。在東北方插瑪格麗特，加上綠葉一起裝飾，有提升儲蓄運的效果。

枯萎的花會在空間裡散布不好的氣，要盡快換掉。另外，花瓶裡的水如果濁了，會累積不好的氣，也會減弱花朵原本帶來的好運，要經常換水。

百合

白色的花能淨化心靈，提升美容運、健康運。如果在臥室或浴廁插百合花，會帶來美好的戀情。

非洲菊

具有加強邂逅與提升緣分的力量。如果把多種顏色的非洲菊搭配在一起，特別能提升運氣。

康乃馨

可以淨化氣、減輕壓力。使人際關係更圓融，甚至幫助和解。

向日葵

充滿陽氣，對財運很有幫助。尤其插在西邊效果特別好，能除去家中的厄運。

小蒼蘭

遇到轉職或搬家，環境產生變化時，插小蒼蘭有助於新的開始。橙色和黃色的效果特別好。

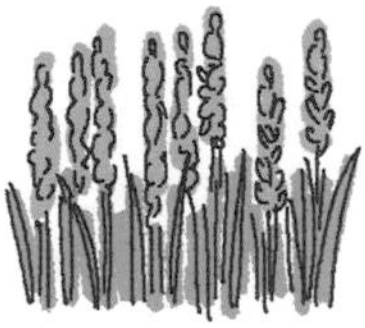

薰衣草

可療癒心靈，帶來平靜與好運。插在臥室裡能幫助睡眠。

乾燥花是枯萎的花，會減弱愛情運。永生花的力量只有鮮花的三分之一，但還是可以提升運氣。

早安～♥
美好的早晨♪
嗯～～～♪
配合風水的生活作息（↓P80）感覺很順利，
皮膚的狀況也變好了！
工作也有進展～
啊
前幾天真是不好意思！
長谷川君…
嗯—哼
啊哩？難不成是那種酷酷的人？
那我就先…
啊——
這樣問有點不好意思…

但，妳是不是瘦了？
鈴——鈴——
咕咕咕咕
是…是這樣的嗎？
有嗎？
咿嘻嘻
成功了~!!
真——知——啊
這次我們要和A公司的人聚餐唷~
其中也有神崎先生！
咦咦——!!
機會之神終於來了!?
我們去問問風美開運穿搭吧！
然後去逛街血拚~

真知看起來變清爽了呢！
每天照鏡子都覺得很痛苦，
於是加強瘦身的決心！
多走一站的距離
細嚼慢嚥
吃飯只吃八分飽
保持這樣很好喔！
這件好嗎？
如何？
妳常穿黑色的衣服嗎？
黑色好搭配，而且看起來會比較瘦一點…
黑色能帶來高貴典雅的感覺，
適合當紅的女星…
但也是代表「祕密」的顏色，無法吸引異性。
不適合戀愛！

穿黑衣的時候，最好用飾品、包包、鞋子等增加其他顏色～
對戀愛運有幫助的顏色是…
當然是粉紅色！會提升愛情運喔！
橙色或白色也不錯
還有這個！
開運關鍵
細長與輕柔飄逸的飾品對戀愛有幫助！
像長鍊或絲巾、
垂墜搖曳的耳環也不錯！
將將——
太棒了！
這件很適合耶！
好棒好棒
要是再瘦一點…
啪嘶

穿搭風水

帶有流行感的輕盈裝扮會提升愛情運

穿搭對戀愛運影響很大。帶有風的氣、輕盈且女性化的打扮會提高戀愛運。舊衣服會有不好的氣滯留，所以要定期淘汰，透過新衣服得到機會與運氣。

此外，買衣服容易受到心情影響，沮喪時會選到暗沉的顏色，或是相反地買到過於華麗的衣服。最好在情緒穩定時買衣服。

透過流行掌握運氣

穿戴流行的服飾，會獲得時下的運氣。相反地，如果堆積不流行或不穿的衣服，容易錯失機會。就算整體衣著沒變，只要運用色彩或小東西帶入流行的元素，就能帶來好運。

絲巾對戀愛運有幫助，運用流行的圖案也有加分的作用。

利用素材本身的力量

●**棉**

帶有木的氣，感覺比較有年輕氣息，會帶來邂逅和機會。

●**雪紡紗**

會讓愛情更豐富。

●**絲**

帶有金的氣，能提升財運。會帶來機會，認識地位高的人。

●**編織物**

與緣分有關，將今後的交友關係導入更好的方向。

●**彈性布料**

帶有土的氣，能使人際關係更穩定。

穿搭的開運重點

上衣的顏色會反映出一個人的形象，下半身衣服顏色的運氣會吸收到體內。先瞭解顏色的效果再加以運用（→ P98）。

戴項鍊會帶來好運！

展露頸部與手肘

女性會從頸部吸收運氣，因此建議穿低領的衣服。另外，邂逅的機會是從手肘展現出來，所以適合穿七分袖。

方領象徵安定或基礎，能提高結婚運；V 領對工作運很有幫助。穿著胸前有裝飾的衣服，會培養受人喜愛的體質。

荷葉邊會提升風的氣，
帶來邂逅運。

輕盈的衣服會帶來邂逅的機會

會隨風飄動的衣料如質地輕的素材或有曲線的荷葉邊會提升戀愛運，增加認識其他人的機會。建議穿喇叭裙或質料輕的連身裙。

改變衣著顏色或風格

一直穿同類型的衣服，運氣會變差。尤其連續穿暗色的衣服會讓運勢停滯下來，要多加留意。外觀的變化會影響到氣，改變運氣。

多多嘗試各種風格吧！

想增加財運可採用帶有光澤或金色的飾品，提升工作運可採用金色或點點圖案，提升健康運可多採用綠色或草履蟲圖案。

貼身衣物

與運勢和儀表有直接關聯，是最重要的關鍵！

內衣會直接接觸皮膚，素材（→P94）或顏色（→P98）帶來的運氣立刻會被吸收。穿著不舒服的內衣會讓運氣變差，要常常換新。淘汰舊內衣時為了避免附著其他垃圾的氣味，可以先用紙包起來再丟棄。

此外，自己給人的印象和儀表與內衣有很大的關聯，穿著舊內衣的人也會變得不起眼。如果選擇漂亮且女性化的內衣，戀愛運就會變好。

貼身衣物的開運重點

粉紅色可以襯托膚色和頭髮，黃色有豐胸提臀的效果，也很適合。灰色和黑色可能會招來女性特有的疾病。

穿整套的內衣

可以美化儀表，帶來好印象。即使原先不是成套的內衣，至少也要搭配顏色穿著。

蕾絲會帶來愛情運！

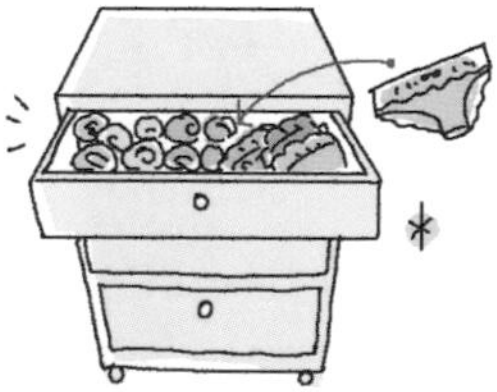

內衣要收納在上層抽屜

位置越上層，陽氣越多。內衣最好放在上層，會比放在中間的抽屜吸收更多陽氣。

如果把內衣和香包或薰香乾燥花放在一起，香氣代表的好運（→P121）也會沾染在身上。

鞋子

穿上乾淨的鞋，踏出幸福的步伐

鞋子代表行動力，也會引導人走向需要的運氣所在之地。穿著不同的鞋子，得到的運氣也不同。另外，把鞋子擦亮，會提升工作運與財運。腳部整潔與穿著漂亮鞋子的女性，特別容易嫁給有錢的對象。

另一方面，舊鞋子會減低行動力。如果把鞋底擦乾淨再丟掉，比較容易獲得新的好運。

鞋子的開運重點

透氣良好的鞋子有助於多認識一些人。考量設計與穿起來的感覺，選擇適合自己的鞋子吧！

帶來好運的設計

有裝飾或水鑽的鞋子會帶來與人相遇的機會，穩固的鞋跟會帶來結婚運。

前端尖銳的女鞋會斷絕緣分，選擇圓頭的鞋子比較適合。

娃娃鞋可以讓腳踝顯得纖細，強調女性特質，培養戀愛體質。腳後跟有綁帶的鞋子會加深緣分。

鞋子如果有濕氣會附上厄運！

不同靴子帶來不同運氣

邂逅運要選短靴；儲蓄運要選長靴；工作運要選有跟的靴子；想提升人緣的話則要選羊皮靴。

色彩風水

藉由不同顏色，得到的運氣也不相同。如果希望獲得某方面的運氣，可以把象徵的色彩運用在服裝、小東西、室內布置等方面。

與人初次見面時，穿白色會帶來良緣。

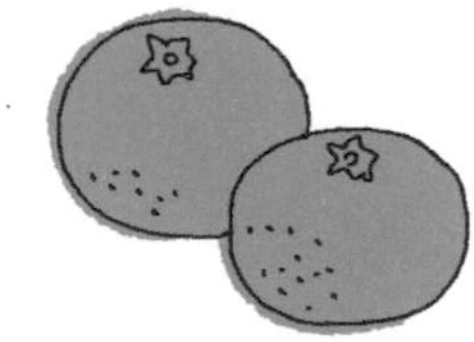

白

讓身心恢復平靜，想要有新開始時很有效。有助於培養與人之間的關係。如果搭配其他顏色，會加強另一種顏色的力量。

橙

帶來新的邂逅，人緣會變得更好。沮喪時能振作精神，帶來正面情緒。橙色也能提升旅行運或懷孕的機會。

紅色搭配黑色會加強賭運。

粉紅色對結婚運有幫助。

紅

可提高決斷力，提升健康運、工作運。對工作或考試有致勝的效果。穿紅色內衣能改善怕冷的體質。

粉紅

可讓愛情更深厚、人際關係更豐富。除了戀愛運、結婚運以外，也有助於實現夢想。白色搭配粉紅色是戀愛運最強的配色，黑色配粉紅色的效果就很弱。

綠

能提升健康運、工作運、家庭運。排除體內累積的惡氣，讓身心保持年輕，或帶來成長。如果想提升家庭運，適合深綠色。

奶油色會提升財運，能幫助嫁入豪門。

黃

能提升財運與人際關係，如果搭配白色，對適應環境變化有很大的幫助。如果與黑色搭配，有浪費和沉溺娛樂的傾向，要多加注意。

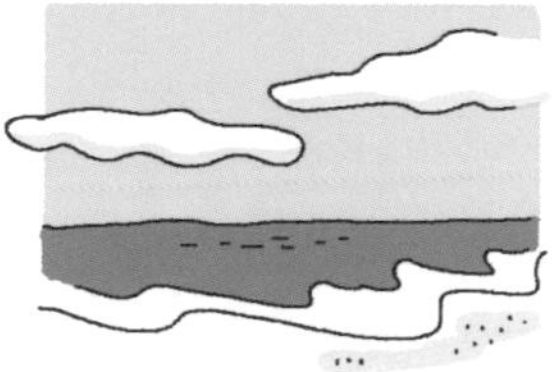

藍

會帶來活力與成長，提升才華、工作運以及出人頭地的機會，讓周遭的人產生安心與信賴的感覺。想好好傳達事物時適合水藍色。

薰衣草色會帶來質感的印象。

紫

有淨化氣的作用，是高貴的顏色。象徵品味與風格，讓周遭的人無法忽視。但紫色使用的比例太高，會給人難以接近的印象，要多加注意。

與金色搭配能維持好運！

黑

高貴的顏色，但也代表「祕密」，可能會因此與人疏遠。在穿黑衣服時，可以搭配顏色明亮的內衣或小飾品，補足陽氣。

金・銀

金色代表向外施展魅力，展現才華，而且能提升家庭運、增加懷孕的機會。銀色會提升耐力、自我實現的能力。

飾品

透過喜歡的飾品，提升女性魅力與戀愛運

配戴飾品能提升運氣，展現更多魅力。尤其是會搖曳的耳環、長項鍊都會帶來戀愛運及良緣。

配戴真正的寶石會使人顯得高貴，也會遇到有身分地位的人。如果配戴人造寶石，要擦得亮亮的戴在身上，這樣會帶來好運，總有一天會獲得真正的寶石。此外，氧化的銀飾會帶來不好的緣分，對儀容也有負面影響，要多加注意。

定期保養飾品

寶石一方面會帶來好運，但也會吸收周圍不好的氣。如果仔細做好定期淨化，會提高寶石的力量。不過有些寶石接觸到光、水、鹽分會受損，所以要先確定寶石的性質，再選擇適當的清潔方法。

主要的淨化方法

- 照射上午的日光，或月光。
- 用水洗淨。
- 把寶石埋在天然鹽中。
- 用香或白鼠尾草薰過。

如果損壞表示消災

飾品損壞或遺失表示「重要的東西代替自己承擔了厄運」，也可能「透過瑕疵要傳達某種訊息」，是某種預兆。如果情人給的東西損壞了，表示「再這樣下去關係會惡化」，最好檢討自己的行為，並檢視和對方的關係，有不好的地方要盡量改善。

這是重新檢視與對方關係的機會。

各種飾品的效果

像是「提升戀愛運的心形粉紅水晶」一樣，透過寶石的力量（→P103）搭配開運圖案（→P106），效果會很好。

「4」對於戀愛有幫助，
戴四條手鍊也不錯。

戴上多個手環能促進良緣

華麗的手鍊能提升邂逅的運氣，戴兩條以上效果更好。手鐲或念珠能帶來財運或愉快的事情。

戴多條珍珠項鍊
對戀愛運有幫助～

藉由項鍊帶來好運

頸部會吸收運氣，可針對想改善的運氣，選擇項鍊的寶石或圖案。如果配戴串著兩件飾物的項鍊，或雙鍊的項鍊，效果會加乘。

留意好運圖案
效果會更好！

耳環能加強直覺

耳環可以加強直覺，給人漂亮的印象。搖曳的耳環會帶來良緣，貼耳的星形耳環會直接傳達寶石的力量。

裝飾在公事包上
能提升工作運。

活用能帶來好運的圖案

針對希望加強的運氣，可以把有相關寶石或圖案的別針別在化妝包上，會帶來好運，同時也會讓肌膚和儀表變得更美麗。

把不想再留在身邊的天然石放到清澈的河流或湖裡，將會遇到開心的事、獲得財運，或是和有錢人結婚。不過，珠子或塑膠製品例外。

戒指戴在各手指的意義與寶石的效果

戒指是提升運氣的重要飾品。戴在不同手指上，加強的運氣也不同。可以和寶石的效果搭配，靈活運用。

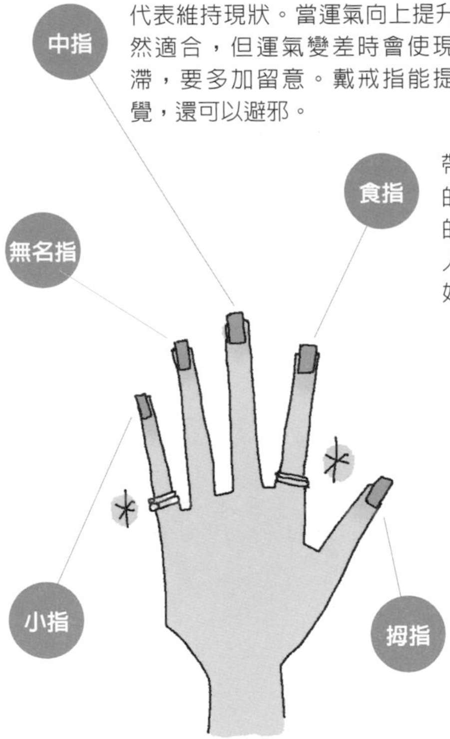

中指：代表維持現狀。當運氣向上提升時當然適合，但運氣變差時會使現狀停滯，要多加留意。戴戒指能提高直覺，還可以避邪。

食指：帶有「想成為第一」的意思，能成為心儀的人或情人最重要的人。也會有機會認識好對象。

無名指：就像結婚戒指象徵的意義一樣，無名指代表「約定」。會與重要的人關係更密切，帶來長久而且深厚的愛。

小指：會有意想不到的好運或機會降臨。戴尾戒會成為可愛的女性，也可以重複戴兩個戒指。

拇指：戴戒指可以帶來愛情，提升對周遭的影響力，幫助實現夢想、達成目標。

在食指與小指戴戒指，會帶來邂逅的機會與好運，提升戀愛運。此外，如果硬把戒指套在太粗的手指上，不但會破壞感情，財運也會變差，要盡量避免。

粉紅水晶　戀愛運

能帶來自信與溫柔，是象徵愛與美的寶石。會使戀愛更順利，讓頭髮與肌膚更漂亮。

碧璽　邂逅運

會吸引理想的伴侶。
帶來體貼或充滿柔情的表現。

完美

珍珠　女性的幸福

增添女性魅力與溫柔，有抗壓的作用。會保護懷孕與生產的女性。

粉紅色剛玉　嫁入豪門

剛玉能提升地位，尤其是粉紅色的剛玉有助於和位階高的人結緣。

鑽石會帶來機會！

鑽石　整體運勢

會使戴鑽石的人散發光彩，提升各方面的運氣，而且還有消災的力量。

青金石　實現願望

帶來幸運，幫助實現夢想。特別推薦給想鍛鍊自己、追求大幅成長的人。

翡翠　人緣

提高與周遭人群的協調性，讓身心取得平衡。有助於維持幸福婚姻與防止外遇。

黃水晶　財運

豐富物質、精神兩種層面，提升對人生的滿意度，對工作運也有幫助。

紅寶石會帶來熱情的戀愛，
讓工作更順利！

包包・腰帶

利用小飾品、小配件
補足缺乏的運氣

透過不同設計、素材的包包和腰帶，會得到不同的運氣。包包會裝載運氣，所以建議選擇大又有安定感的款式。如果袋子太重或受損會使運氣變差，要多加注意。

繫上絲巾類細長的裝飾品，會帶來戀愛運。如果配帶基本款的包包，可以針對想加強的運氣挑選相關圖案的吊飾，效果也很好。皮帶也可以根據希望獲得的運氣使用。

包包・腰帶的開運重點

為了讓好運進來，要把包包整理好，保持乾淨。包包與鞋子可以依顏色、風格搭配。

透過材質帶來好運

藤編的包包會帶來緣分。閃亮的包包會增加認識新朋友的機會，並提升美容運。

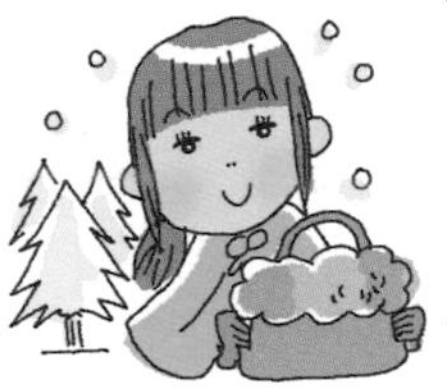

圓形包能加強邂逅運，橫長形或圓筒形的包包能加強愛情運。

根據需要的運氣選皮帶

皮帶象徵持續、安定。細長而女性化的腰帶能帶來結婚運，方形的皮帶環對工作運有幫助。

手錶・手機

這兩件東西十分重要，與邂逅運、緣分有關

如果不戴手錶，就沒有辦法獲得時下的運氣，也會影響邂逅運和發展運。手錶象徵自己的地位，要避免選擇廉價品，挑選品質好的腕錶。

手機與緣分、資訊、機會有關，相當重要。因為每天都會使用，不僅機身的顏色很重要，好好挑選手機套與裝飾品的顏色（→P98）、圖案（→P106），也會提升運氣。

挑選手錶・手機的開運重點

金色的錶可以戴在右手，銀色要戴在左手，這麼一來更能獲得好運。

手鍊式手錶能提升戀愛運

戴著手鍊造型的手錶，會帶來風的氣和良緣，戴起來感覺像飾品。

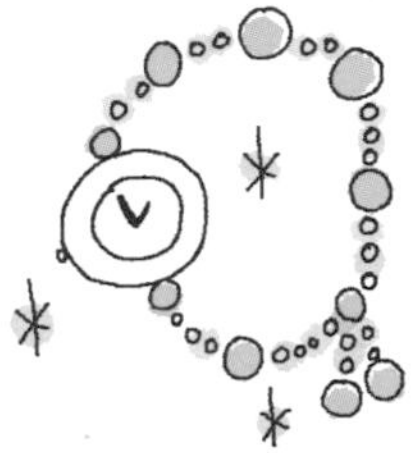

手錶附帶漂亮的飾物，能避開麻煩。

圓形、橢圓形的錶面會帶來人緣，方形的錶面能提升工作運，樽形的錶面同時具有兩種效果。

為手機添加新意

舊的手機會使運氣變差，改換新機種、更改待機畫面，都能帶來緣分。

開運圖案

透過穿搭、小東西的圖案，能補充缺乏的運氣。若再搭配顏色（→P98），效果會更強。

花朵

能提升女性整體的運氣，大朵的花會增添華麗感，小朵的花會提升邂逅運與美容運。

心形

會為愛情帶來好的變化，使感情發展更順利。也推薦給想要改變現狀的人。

蝴蝶結

有結緣的力量，有助於和情人或重要對象締結更穩固的關係，也會帶來認識結婚對象的機會。

幸運草

三葉幸運草會促進成長與發展，四葉幸運草會提升邂逅的機會，帶來良好人際關係。

橫條紋會激發鬥志與成長，直條紋能使人際關係更圓融。格子圖案會使健康運、財運產生變化，圓點圖案會讓事情進行得更順利。

葉子

促進成長與發展，把現有的緣分導往更好的方向。會讓人顯得年輕，也能提升美容運。

水果

象徵結果，會提高財運。與情人之間的關係會更好，也有促成姻緣的效果。

月亮

增加女性魅力，帶來更豐富的運氣。具有清除痛苦戀愛的力量。

星星

帶來邂逅與機會，展現一個人的魅力與才華，就像星星一樣綻放光芒。

蝴蝶

象徵蛻變，帶來華麗與美感。對於瘦身也有幫助。

鑰匙

「如果沒有鑰匙就不能開啓重要的東西」，鑰匙形狀的飾品會使人成為重要人物或工作上特別的角色。

乾杯
居酒屋
這個耳環很適合妳耶！
好可愛♥
就是啊～
謝謝大家的讚美～
我對小深小姐的印象完全變了，
妳的笑容很美，如果我們公司也有這樣的女孩就好了～
心花怒放
神崎先生！
如果不只在辦公室相處，甚至能一起生活的話⋯
親愛的～飯好了喲！
喔！好期待
呀哈♥
對了，神崎先生下次的足球賽是在什麼時候？

眼睛一亮
喔！下下週的週日……
我們也可以去幫忙加油嗎？
咦!?
當然可以呀！請一定要來~
太好了!!
好厲害……
妳最近變漂亮了呢！
Hair Salon
嘿嘿♥
謝謝你囉！
剪頭髮也能帶來風水的力量喔！
頭髮是帶著水的氣的重要部分，
經常改變髮型，對於愛情會帶來好的變化喔~
水的氣＝女人味
戀愛運
費洛蒙
UP!!
好了，剪好囉！

蓬鬆的髮型會增加陽氣，讓人變得亮麗，又受到喜愛~
謝謝你唷！
剪完頭髮心情好輕鬆！
對了！來挑選下次足球賽要穿的衣服~
咦，這…
咦
竟然是你！
前男友…
果然是真知！
剛以為是別人…

我果然還是不能沒有真知啊～
晦氣～
呃
不要過來!!
等等
斷絕惡緣可以靠這些喔！
一路逃過來
喘氣喘氣
1 換香水
讓人覺得心意改變
2 改變鞋跟的高度
給對方陌生的感覺
我說…
這鞋跟會不會太高了一點…
是厚底靴嗎？
叩叩
叩叩
叩叩
一定要斷絕惡緣!!

美人風水

改變每天的生活習慣，以成爲美人爲目標

我們平常的說話習慣或用字、表情或姿勢、生活習慣或行為，都會為運氣帶來很大的影響。只要記得保持積極樂觀的態度，不僅運勢會變好，也會給周遭帶來正面的改變。

保持正向的心態，不必花錢或費時，就能產生好的變化。請務必把握要點，每天實踐。

好姿勢能維持運氣

把背漂亮地伸直，能讓運氣更流暢。如果姿勢不良，氣的循環會停滯，運氣會變差。尤其是在桌前久坐的工作，容易導致姿勢變形，所以趁休息時要作伸展運動，調整姿勢，維持氣的循環。

藉由房屋的中心點實現理想

空間的中心是氣最容易聚集的地方，有實現夢想的力量。可以把與自己想成為的人相關的東西（如照片）放在中心點，這個目標會變得更容易實現。想結婚的人可擺放結婚相關資訊或婚紗目錄，效果也很好。

美人風水的開運重點

積極的態度會帶來好運。要養成習慣，不要把目光停留在壞事或問題點上，要多想想好事，多思考解決的對策。

如果說出不好的話，可在沐浴時加點日本酒淨化身心。

使用正面的言辭

說好話會帶來良緣，講壞話會帶來厄運。不要用難聽的字彙，也不要說別人的壞話。

你好啊～

帶著笑容開朗地說話

語尾上揚，輕快地說話會提升運氣。即使說好話，但如果語調下垂，聲音低沉，語言的力量也不會生效，要多加留意。

謝謝你～

感謝或稱讚的話要即時說出

對於周遭人們的感謝，或是想稱讚對方，都該立刻表達。如果看著對方說出這些話，語言的力量會加倍，也會提升彼此的運氣。

【美容講座】
去看看吧！

想到就馬上行動

等待或被動的態度，會使運氣停滯。即使只是小小一步，跨出行動的一步很重要。機會或好運會比較容易降臨。

事物會依據你所想、所說的發展。用語言具體表達出夢想或目標，書寫或言說都可以，藉由語言的力量，提高實現的機會。

髮型風水

乾淨又有光澤的頭髮會帶來好的戀愛

頭髮帶有水的氣，對女性的戀愛運影響很大。受損的髮質會對緣分帶來不好的影響，所以要每天照顧，保持光澤與滋潤。

此外，如果一直處在不愉快的狀況下，建議可以修剪頭髮。如果不想改變長度，可以先修剪髮尾，就能除去不好的氣。

額頭與緣分、財運有關

額頭是氣的入口，象徵社交性，而眉毛掌管人際關係。劉海會增添女人味，但劉海太濃密會影響人緣與財運，要多加注意。

把劉海夾起來露出額頭，會增加認識人的機會，也會帶來在社會上揚名的機會。

把額角細微的髮絲剃掉，
讓眉毛成為視覺焦點，
就能提升運氣。

露出耳朵能提升人緣

耳朵是掌握訊息的部位，露出耳朵比較容易接收新資訊、掌握世界新動態。

如果想好好把握自己的時間，建議採用把耳朵蓋起來的髮型，但在社交場合時，宜把耳朵露出來，視不同場合稍作變化。

露出耳朵會對流行
更敏感，且獲得
當下的好運！

各種髮型的風水效果

髮型的長度與顏色不同，會帶來不同運氣，定期變換髮型、加入流行的元素等，都能獲得即時的好運。

長耳環或長項鍊對戀愛運有幫助。

短髮

經常修剪髮型會促進新的機緣。想要告別過去、迎接新的邂逅與機會，不妨試試剪短髮。

長髮

可將臉的輪廓隱藏起來，帶來含蓄而女性化的氣息。頭髮容易附著意念，長髮會使人變得敏感。利用層次感能讓長髮顯得輕盈。

波浪鬈髮

會帶來風的氣，提升邂逅運。塑造開朗明亮的氣氛，帶來新的戀愛或工作。如果把髮色染淺，效果將會加倍。

直髮

使愛情更豐富，人變得更美，想提升創造力與想像力也很適合直長髮。如果髮梢內彎，將遇到能提升自己的戀情。

自然的褐髮會帶來明亮的印象，讓人緣更好。黑髮帶給人強韌的印象，但如果髮量太濃密，會產生沉重感，讓人覺得難以接近。

彩妝風水

局部化點妝運氣就會改變，運用流行彩妝更能開運

臉部表示命運的狀態與生命力。臉部給人的印象，說明了這個人有著什麼樣的運勢。

藉由化妝，可以補強自己缺乏的運氣。另外，一直畫同一種妝對戀愛運沒有幫助，可運用流行的色彩或彩妝，增添一些變化，對提升戀愛運也很有效果。意識到流行有助於把握時運。

過期的化妝品要盡快淘汰

用舊的化妝品會使儀容暗沉，對美容運帶來壞影響。即使是昂貴的化妝品，過期了就要淘汰。把舊化妝品放在紫色的袋子裡丟棄，會讓以後的自己變得更美。我們可以抱持著感謝的心情，說聲「謝謝」之後再丟棄。

藉由耳垂讓運氣變好

如果在耳垂撲點粉紅色珠光腮紅，能提升戀愛運。

如果再加上金粉或銀粉，有機會和位階高的男士交往。金粉有助於轉職、出人頭地、提升財運。銀粉則能帶來自信，幫助克服失戀或告別痛苦的戀情。

各部位彩妝風水的重點

天然素材的粉底比較容易附著在肌膚上，帶來水的氣，提升戀愛運。畫眼線會對工作運有幫助。

底妝會帶來好運

用遮瑕膏蓋住皺紋或斑點，在額頭撲上明亮的粉底，讓肌膚看起來更美。

眉毛會帶來機會、提升行動力

沿著臉部骨骼自然的弧度，不要畫太細也不要畫太粗，讓眉毛看起來更長。眉型稍微有點角度能提升工作運。

在眼角刷上粉紅、紅色的眼影能提升戀愛運！

亮色系的眼妝有助於戀愛

淺粉紅色對戀愛運有幫助；想增加邂逅的機會建議用淺綠色；提升財運建議使用金色；秋冬時藍色會使戀情降溫，要小心留意。

用睫毛膏增添華麗感

眼睛的神采會吸引人，上翹而中間豐盈的睫毛會增加邂逅運。

潤澤的雙唇使人魅力倍增

上唇象徵邂逅運，下唇掌管愛情運。尤其用唇蜜滋潤下唇，能增添女性魅力。描繪出上唇的輪廓也很好。

淡淡的腮紅使人更受喜愛

在臉頰最高的地方撲上圓形的腮紅，會帶來幸運。如果希望加強結婚運，可以撲在下面一點的位置。粉紅色會帶來戀愛運，橙色會帶來好人緣。

美甲風水

漂亮的指甲會帶來美好的邂逅

緣分會由指甲前端或指尖招來，所以保持這部位美觀是提升戀愛運的重點。清潔保養是最基本的功夫，透過指甲的顏色或裝飾圖案的力量，可獲得想要的運氣。視季節或時間、地點、場合美化指甲，會加強運氣。

帶來緣分的指甲彩繪

美甲能立即讓運氣提升。藉由指甲彩繪的顏色（→P98）、設計、圖案（→P106）等力量，可為指尖增強風的氣，帶來豐富的緣分。

尤其在食指（邂逅運）與小指（戀愛運）裝飾指甲的效果最大。

彩繪腳指甲能讓好運停留

腳指甲彩繪除了色彩（→P98）、圖案（→P106）帶來的運氣之外，還會吸收大地的氣。效果雖然慢，但會讓好運穩定留下來。

尤其在秋冬更適合美化腳指甲。打扮看不到的部分，是提升戀愛運的祕訣。

白色＋粉紅色是最強戀愛色！

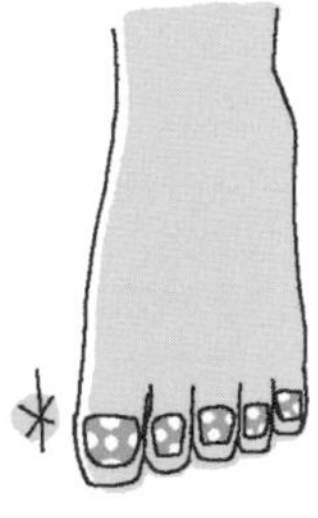

各種指甲圖案的效果

也可以搭配帶來好運的幸運石（→ P103）。

運用不同裝飾帶來各種效果

素色指甲能維持好運，珍珠會使運氣慢慢產生變化；金銀粉會促成強大的變化，不過也不要弄得太閃亮，要裝飾得有格調。

依不同好運適用的顏色與圖案

戀愛	粉紅色、花朵成心形。加強邂逅運還可以使用橙色。
結婚	象徵結果的水果圖案、解不開的蝴蝶結圖案。
美容	腳指甲塗上粉綠色能促進代謝。
財運	金色、米色、鵝黃色。圓形也很適合。
工作	綠色、淺藍色。淡色或粉色系效果都很好。

帶來幸運的指甲裝飾

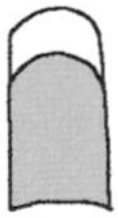

法式指甲
曲線會讓運氣更好。除了提升地位，也能帶來機緣，認識有身分地位的人。

漸層指甲
使氣不再停滯，讓運氣更順暢。

閃閃發亮的裝飾
像水鑽或金銀珠珠等發亮的東西，能提升美容運。

香氛風水

身上帶著香氣 能強力提升戀愛運

香氣能為女性帶來幸運的緣分，如果運用在室內布置或打扮方面，能大幅提升認識新對象的機會。

香氣就和衣著一樣，可根據希望獲得的運氣搭配。不要一直使用同一種香氣，而是以喜歡的氣味為基調，試著加入其他香氣，讓運氣變得更好。

在日常生活中攜帶香水

香氣帶有風的氣，如果在袖口或裙襬、手腕或腳踝等容易有風吹過的部位擦香水都很有效果。

有些場合不適合噴香水，就把隨身攜帶的噴霧器放進包包裡，把香氛噴在手帕或內衣，讓氣味附著在身上。

透過香氛淨化空間

想要改變心情時，可以噴點室內香氛。除了淨化空間之外，還可以散播香味。

材料

不添加水的乙醇　5ml
喜歡的精油　6滴
蒸餾水　25ml

製作方法

把乙醇和精油倒入噴霧瓶中，輕輕使其搖晃混合。再加入蒸餾水，混合後即完成。

使用時先搖晃一下，噴入空氣中就可以了。

香氛的活用方法

隨身攜帶精油，即使出門在外也能輕鬆增強風水效果。

藉由浴室的蒸氣散發香氣

把浴室的門打開，在浴缸裡滴精油，注入熱水。利用蒸氣讓香氣飄散開來，可以淨化房間空氣。

放在枕頭附近幫助安眠

在杯子裡倒入熱水，滴幾滴精油放在枕頭附近，就能讓香氣散播開來，達到放鬆與助眠的效果。

香氛的效果

依自己喜歡的東西或想要的運氣挑選吧！選出包括瓶身或包裝設計，都符合自我期待形象的產品。

戀愛運（花香調）	玫瑰、天竺葵、茉莉、鈴蘭、洋甘菊、薰衣草、橙花、百合
財運（果香調）	桃子、蘋果、草莓
工作運、健康運（柑橘調）	柳橙、檸檬、葡萄柚、萊姆、香檸檬（西西里柑橘）、橘子

圓形的香水瓶會帶來愉悅，長條的香水瓶會促進成長與發展。

第三章 飲食・財運風水

好吃的東西能讓體質變得更幸運！
按照風水的原則挑選錢包，
財富將不再是夢想？

足球賽快到了~
咕嚕咕嚕
我想到一個不錯的點子！
贏得他的心之便當作戰計畫!!
愛的便當
在說什麼…
說到比賽，當然要準備便當囉！
例如足球飯糰~
讓好吃的便當變成愛神的箭~射向神崎先生，獲得他的心☆
請用
好像很好吃！
FOOTBALL
應該沒那麼簡單吧…
我做菜很弱…

風美有說過
吃同樣的東西，
會形成同樣的細胞，
讓感情更深厚！
沒錯!!
如果一起吃親手做的便當，加上火鍋，
兩個人就會互相喜歡上對方！
所以我經常煮東西給男朋友吃~
然後呢？
看到沒？
欸！
不會吧!?
他向我求婚了~
必須研究再研究的愛情風水．飲食篇！
明日香愛情的秘訣
抓住他的胃，就能得到他的心！
趕快教我！

之前有提到戀愛適合長形的飾品（↓P93）
麵
山藥
蔥
牛蒡
除了吃同樣的東西，長條狀的食物也能提升戀愛運！
例如明太子義大利麵，是麵＋粉紅色的組合！
我喜歡♥
白色有「培育」的意思
奶油燉菜
白醬義大利麵
奶油烹調過的食物對感情加溫很有幫助喔～
如果想和喜歡的人培養默契，建議一起吃咖哩飯！
咖哩對工作運很有幫助
嗯！
乳製品中的牛奶或冰淇淋也很有效唷！
好，那甜點我要選冰淇淋～
服務生—
menu

員工餐廳
哈囉哈囉~
我不小心做太多菜了…
登一登
你要不要吃一點？
那就…
吞
嗯…好吃
真的嗎？
這個你也吃吃看？
也請喝點茶~
那就…
咕嚕
呃
啊！你還好嗎！？
怎麼了！？
咚
好苦…
不是說有香味的茶可以提升戀愛運…
妳把茶混在一起，這樣變毒茶了…
呃…

飲食風水

食物的豐富度與運氣相關，要讓身心都覺得飽滿

用餐除了攝取營養，也會帶來各方面的運氣。不只是營養均衡地攝取食物，對於食材、烹調方式、用餐環境都要花心思，飲食風水的重點是提高運氣的吸收率。吃當令的食物、讓季節感融入飲食，能獲得強大的時運。

愉快地用餐很重要

吃飯不僅填飽肚子，也要讓心靈覺得滿足，這樣運勢自然會提升。建議與家人、朋友、情人一起吃飯。即使獨自用餐也要講究餐具、擺盤，如果播放讓心情愉快的音樂，能提升運氣。

與家人一起愉快地吃飯，能讓運氣穩定！

乾淨的水有淨化與提升運氣的作用

身體有70%由水構成，所以水會讓運氣產生很大的改變。飲用水或料理用的水，最好用淨水器過濾或礦泉水等水質佳的水。如果喝了產水地在自己幸運方位的水，會帶來去當地旅行同樣的效果。

乾淨的水會提升財運和美容運！

飲食環境的重點

在用餐時，食物的營養和運氣會與周遭環境帶來的運一起吸收。把環境整理乾淨，利用一些小東西的素材跟形狀提升運氣。

餐桌要保持乾淨

餐桌上如果堆著太多不用的東西，財運和健康運會變差。把桌子整理乾淨，插上新鮮的花或植物，運氣就會變好。

桌面若是玻璃，鋪上桌布會更好。

利用桌墊強化運氣

能更順利獲得食物帶來的運氣，穩定好運的基礎。建議採用棉或亞麻、木製品、竹製品等天然素材。

方形或橢圓形的餐桌效果最好

方形帶有土的氣，橢圓形掌管充實的運氣，都能使運氣穩定。如果希望和情人之間的關係更密切，可以用小型的圓桌。

圓桌可以用方形的餐墊補充「土」的氣。

用餐時，如果播放環境音樂或古典音樂等讓心情愉快的音樂，將能從食物中獲得更多好運。點蠟燭改變氣氛也很有效。

食器、刀具的選法

每天使用的食器或筷子，是吸收好運的重要工具。如果平常就使用質感好的餐具或真正喜歡的東西，會獲得更好的運氣。

想獲得成功
就要使用高級餐具

平常就使用高級餐具，會提升成功的機運。另外，用陶土作成的和風食器，能提升女性的運氣。

餐具要配合菜單或季節

夏季適合涼爽的玻璃，冬天選用溫暖的陶器，依照季節或菜單替換食器會帶來更多機會，讓運氣更好。

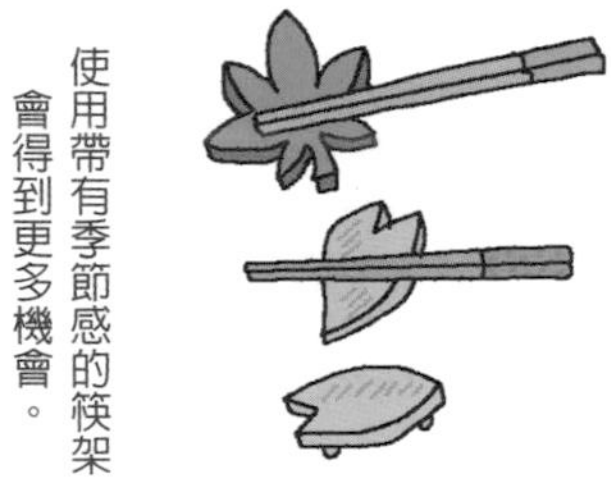
使用帶有季節感的筷架
會得到更多機會。

廉價粗糙的食器，
或是不喜歡的樣式，
會降低健康運。

使用高級的筷子提升地位

筷子表示使用者的地位。尤其是一家之主適合使用高級的筷子。筷子或刀具都應該好好收納在餐具櫃裡。

淘汰破損的食器或便宜貨

壞掉的食器會有不好的氣積滯，帶來人際關係的嫌隙與厄運。另外，便宜的餐具會降低自己的地位，盡可能早點替換。

要淘汰舊食器時，先撒鹽和日本酒，說聲「謝謝」等感謝的話再丟棄。丟棄筷子、刀具的方法請參考 P40。

提升運氣的用餐方式

吃當季的食物會得到更多機會。積極攝取能帶來鬥志的水果或蔬菜也很好。

確實運用餐具和筷子

不要直接從買來時盛裝食物的容器挾著吃，或是用免洗筷，把食物好好地裝在碗盤裡吃，會從食物裡得到更多好運。

吃飯不專心會使運氣停滯

「邊吃飯邊工作」、「邊看電視邊吃飯」會難以吸收到新的氣。吃飯時要專心，好好品嚐食物的滋味。

可以用刀工裝飾食物。

在裝盤下功夫

添加薄荷當裝飾，或是用模型切出飯的形狀，賞心悅目的餐點會使人運氣倍增。用稍微大一點的盤子，會襯托出高級感。

為菜單增添變化

一直吃同樣的東西，會失去用餐的樂趣及豐富度。可多方嘗試韓式、美式、義式等，透過不同變化吸收各種運氣。

把自己覺得「好吃」、「幸福」的東西留到最後吃，會得到充實的運氣，遇到豐富且美好的事情。飯後吃甜點會提升財運。

飲食風水①

戀愛運

細長的東西會招來緣分，白色的東西能培養關係

「細長」、「白色」、「散發香味」的事物對戀愛運很有幫助。若想提升結婚運、家庭運，可以多吃根莖類食物、燉菜、火鍋、味噌以及添加奶油的料理，其中根莖類食物及燉菜對家庭運特別好。

如果平時多吃這些料理，可提升戀愛運。如果是和喜歡的人一起享用，除了戀愛感升級，關係也會更密切，效果加倍！

以自己種的香草結緣

運用到香草的料理能帶來邂逅，而且有助於現有的關係維持下去。尤其是自栽的香草效果特別好。在清洗過的香草葉上注入熱水，泡杯香草茶對戀愛運也很有幫助。

紅色的食物會帶來熱戀

紅色的食物會增進健康與熱情，例如蝦子、番茄、紅甜椒等，帶來燃燒般的熱戀。不要在還很燙的時候吃，搭配香草茶、乳製品一起吃更好。紅色的蔬菜適合煮湯或是以蒸煮方式料理。

辣的食物還能提升工作運！

提升戀愛運的食譜①

白蘿蔔明太子美乃滋沙拉

明太子與白蘿蔔屬於白色與粉紅色，戀愛運最強的組合！

材料

明太子…1 條
白蘿蔔…10cm
海苔絲…適量

A
- 美乃滋…2 大匙
- 檸檬汁…1 小匙
- 鹽、胡椒…少許

作法

1 把白蘿蔔切絲，用鹽搓揉。
2 用湯匙把明太子的外皮刮去，和A混合。
3 把1中白蘿蔔絲的鹽洗去，瀝乾水分後拌入2的明太子醬，再以海苔絲裝飾。
※可依個人喜好添加醬油。

細長的白蘿蔔會帶來緣分～

提升戀愛運的食譜②

豆漿味噌奶油義大利麵

義大利麵與味噌會提升戀愛運、結婚運。添加豆漿也有美膚效果。

材料

義大利麵…200g
培根…4 片
洋蔥…1/2 顆
鴻喜菇…1/2 包

A
- 豆漿…150ml
- 味噌…1 大匙
- 雞肉高湯粉…1/2 小匙

鹽、胡椒…少許

作法

1 煮義大利麵，依照包裝標示再減一分鐘。
2 在平底鍋倒油加熱，將切成1.5公分寬的培根煎熟，顏色變深之後再加入洋蔥與鴻喜菇炒熟。
3 在2的培根洋蔥菇中加入A煮2分鐘，再加入1的義大利麵，以鹽、胡椒調味。

加入汆燙青花菜
對健康、專長有幫助！

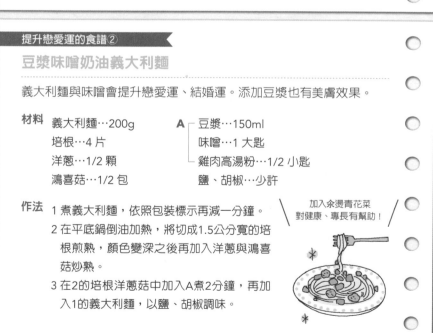

飲食風水②

美容運

透過色彩豐富的食物保持美麗與青春

顏色鮮豔的甲殼類海鮮對美容運最有幫助，能促進代謝，塑造健康美麗的身體與肌膚。至於薑、蔥、青紫蘇、韭菜、大蒜等辛香料，則有良好的排毒效果。

此外，綠色食材帶有木的氣，有助於保持年輕。將這些顏色鮮豔的食材稍作搭配，讓肌膚更有彈性吧！

提升美容運的食材

·**海鮮類**

蝦子、螃蟹、貝類能增進美貌和才華，直覺也會更靈敏。青花魚會讓人更美麗年輕，鮭魚能幫助瘦身，也能提升結婚運和家庭運。

·**蔬菜**

建議多吃小黃瓜、萵苣等。番茄對戀愛運也很有幫助。

·**水果**

櫻桃能幫助美容及瘦身，並散發女人味，增加邂逅的緣分。桃子也會讓女性更漂亮。

沙拉的效果

以提升戀愛運、財運、工作運的食材，搭配萵苣等葉菜作成沙拉，可以讓其他的運勢和美容運一起提升。如果作成三明治和喜歡的人一起吃，能傳達出其中包含的溫暖心意，讓感情變得更好。

提升美容運的食譜①

野菜＋鮮蝦的美肌沙拉

包含各種提升美容運的食材。如果添加鮭魚效果會更好。

材料

蝦子…6 隻
酪梨…1 顆
櫻桃番茄…5 顆
小黃瓜…1/4 根

A
美乃滋…2 大匙
山葵…少許
鹽、胡椒…少許
醬油…依個人喜好

作法

1 用菜刀劃開蝦背，取出蝦腸後把蝦煮熟，瀝掉水分。將酪梨剖成兩半，取出種子，再將果肉挖出來壓碎。把櫻桃番茄對半切、小黃瓜切片。
2 在1的材料中拌入調味料A。
※萵苣也很適合夾在三明治當中。

用酪梨盛裝沙拉
非常不錯～

提升美容運的食譜②

辣味噌煮青花魚

用味噌燉煮青花魚可提升結婚運、健康運。加了辣味會有瘦身的效果。

材料

青花魚…2 片
生薑…1 片

A
味噌…1 大匙
韓式辣椒醬…1 大匙
酒…1 大匙
砂糖…1 小匙
水…200ml

作法

1 在鍋子裡放入調味料A煮沸。
2 加入青花魚，讓魚皮朝下，把生薑切絲後放進湯裡熬煮，開蓋煮10分鐘。

加入煮熟的小松菜，
能提升美容運！

飲食風水③ 財運

享受甜食或水果能提升財運

財運會受甜味吸引。對於在意卡路里或節食中的人，飯後淺嚐甜點能提升財運。另外，吃米製的仙貝會提升工作運，對財運也很有幫助。

對財運有幫助的食物

·甜食

巧克力或紅豆，添加卡士達醬的甜點特別有效。用蜂蜜當調味料也很好。

·水果

桃子、哈密瓜能改善不好的財運，葡萄帶來豐盛，西洋梨會提升儲蓄運。

·黃色的東西

南瓜帶有金的氣，奶油與牛奶混合後，更能提升財運。玉米、稻禾壽司也不錯。

雞、豬、牛肉的財運效果

雞肉對現金收入很有效（雞蛋也有同樣的效果），炒或烤都能帶來好運。豬肉能提高工作運、增加收入。而如果要提升儲蓄運，建議吃牛肉，可以作成炸物或是蔬菜捲，效果都很好。

用雞肉和雞蛋作雞排，對儲蓄運很有幫助。

提升財運的食譜①

紅豆香蕉牛奶

有柔和甜味的紅豆搭配帶有金的氣的香蕉，效果加倍！

材料
香蕉…1 根
煮紅豆（罐頭）…4 大匙
牛奶…400ml

作法
1 剝掉香蕉皮，把香蕉切成2公分的厚片。
2 把1和剩餘的材料放進果汁機攪拌。

加入蜂蜜會讓財運更好喔！
HONEY

提升財運的食譜②

奶油南瓜雞肉

奶油南瓜帶有金的氣，雞肉能帶來現金收入，對財運都有幫助。

材料
雞腿肉…200g
南瓜…1/4 顆
洋蔥…1/2 顆
鴻喜菇…1/2 包

A
牛奶…200ml
高湯塊…1 顆
鹽、胡椒…少許

作法
1 把雞肉和蔬菜切成容易吃的大小。
2 把平底鍋上的油加熱，炒熱雞肉。如果要煎熟兩面，可以加些青菜去炒。
3 在2的雞肉裡加入A的調味料，把南瓜煮軟，再加入鹽、胡椒調味。

撒上羅勒會有機會認識新對象。

工作運

魚類、根莖類、豆類能提升工作運

如果希望加強工作運、專業能力和機會，建議吃海鮮類。尤其像壽司具備魚類和酸味，能大幅提升運氣。如果特別針對工作運，可以吃鮪魚等紅肉魚；針對戀愛運，則要吃鯛魚等白肉魚。

此外，像根莖類、豆類也會提升工作運，如果多吃包含這類食物的和食，也很有效果。

對工作運有幫助的食物

·**海鮮類**
像蝦子或螃蟹等甲殼類海鮮會帶來機會，對美容運也有幫助。牡蠣會使工作或人際關係進行順利。

·**根莖類**
促使努力獲得成果。

·**豆類**
集中注意力，使頭腦更靈活。

·**辛辣的食物**
咖哩也能提升財運。

·**酸味食物**
柑橘類的水果，梅乾、醋、帶酸味的沙拉醬等。優格也會讓人緣更好。

以食物提升關鍵時刻的運氣

考試或提案等重要時刻，蝦蟹等甲殼類有助於發揮直覺與才能。根莖類能增強讀書的耐力。考試當天或其他重要的日子，可以吃又白又圓的包餡和菓子或捲壽司、水果等，吃一些「包起來的東西」，能增加致勝的運氣。

提升工作運的食譜①

色彩豐富的醋漬蝦仁什錦豆

帶有酸味的醋漬蝦仁什錦豆，能提升工作運。

材料
蝦仁…8 隻
綜合什錦豆（罐頭）…50g
酒…1 小匙
太白粉…1 小匙

A
橄欖油…2 大匙
醋…1 大匙
砂糖…1 小匙
鹽、胡椒粉…少許

作法
1 用菜刀把蝦背劃開，取出蝦腸。撒上酒、太白粉，用熱水煮熟。
2 蝦剛起鍋後，與A、綜合什錦豆拌勻，放進冰箱冷藏。

提升工作運的食譜②

野菜肉絲咖哩

絞肉建議使用能提高工作運的豬肉。

材料
豬絞肉…200g
牛蒡…1/2 根
蓮藕…50g
洋蔥…1/2 顆

A
去殼毛豆…30g
咖哩塊…1/2 盒
水…400ml

飯…適量

作法
1 在平底鍋中將油燒熱，洋蔥切丁後丟入拌炒，等炒到變透明之後，再加入絞肉。
2 開始炒絞肉之後，把切成1公分的牛蒡、蓮藕也加進來。
3 在2裡加入A，小火煮10分鐘後澆在飯上即完成。

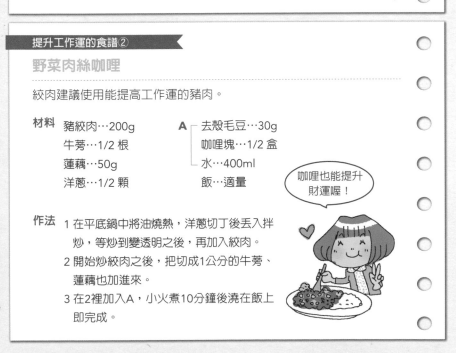

開運甜點與飲料

甜點和飲料能帶來各種好運，如果再配合季節變化，效果會更好。如果和家人、朋友、情人一起享用，運氣會加倍！

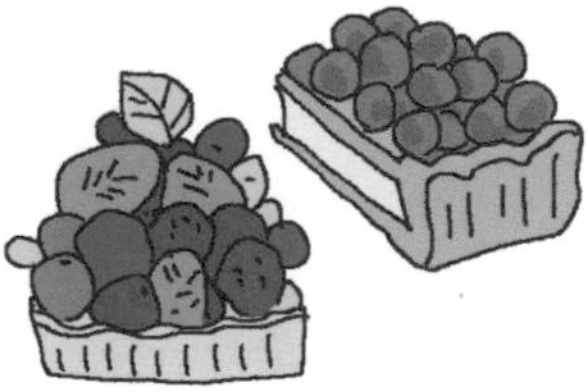

草莓鮮奶油蛋糕

草莓能在初次見面時帶來好運。想認識新對象的人特別應該嘗試。

水果塔

會帶來幸福的緣分，尤其是結婚運。如果用當季的水果製成，事情的發展將會很順利。

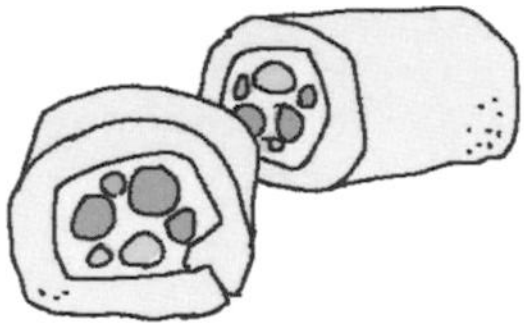

瑞士捲

圓形能提升戀愛運、結婚運、家庭運，以及人際關係。在蛋糕中添加當季水果，效果會更好。

巧克力

能一掃厄運、帶來財運。白巧克力、草莓巧克力的白色＋粉紅色組合，對戀愛運極有幫助。

添加牛奶的甜點會提高女性魅力，讓戀愛更充實。添加柳橙的蛋糕會增加認識人的機會，芒果有增進情誼的力量。

薰香紅茶對戀愛運
很有幫助。

紅茶

能帶來緣分和持續的運氣。奶茶能讓戀愛更幸福，檸檬茶會帶來活力、提升工作運。

咖啡、咖啡歐蕾

會帶來穩定的好運。如果搭配甜食，能帶來幸福的戀愛或開心的事情。

花草茶

有機會認識各式各樣的人，尤其玫瑰果或扶桑花茶會帶來認識新對象的機會。

鳳梨會增進
和情人之間的感情。

果汁

新鮮果汁的效果更好。推薦柳橙（邂逅運）、桃子（戀愛運）、香蕉（財運）。

紅酒會加強
邂逅的機緣。

啤酒、洋酒

啤酒能增進人緣，紅酒能提升男性地位、對女性的各方面運勢都有幫助，白酒有淨化的作用。

選擇產地在自己
幸運方位（→P176）
的酒也不錯！

梅酒、日本酒、燒酎

梅酒會帶來愉快的事情，蘇打調酒能促進姻緣，日本酒或燒酎對結婚運也很有幫助。

明天就是比賽了~
好期待♫
RRR
神崎先生說工作上有緊急的事情，不能去足球賽了！
這樣啊……
他說要忙著籌備下次的聚餐，非常不好意思…
我知道了 謝謝囉
還特地買了新衣服說…
那就期待下次囉！
不過，其實我最近買了太多東西，沒剩下多少錢了啦！
叮－咚
我發現了!!
這裡有開運關鍵!!
喔！又有！
這個！
開運關鍵
皮夾是金錢的家，要保持乾淨！

金錢
就跟我們一樣，
喜歡住在
乾淨的地方～
發票或信用卡塞得鼓鼓的皮夾，
骯髒的皮夾很容易讓錢出走！
好髒
好擠
好擠
快逃
用長皮夾就不必摺鈔票，會讓錢財覺得舒適～
舒適？
錢在人與店家之間往來旅行，
好棒的錢包
那邊不錯喔
下次去吧！
好啊～
待在舒適皮夾的鈔票君，即使被使用、離開之後，也會轉告其他的鈔票君，為皮夾帶來好運喔！
鮮黃色會帶來財運，但也可能無法讓錢停留，造成浪費的傾向喔！
說不定…
粉黃色會帶來喜悅，也會讓錢增加～
芥末黃帶有土的氣，能使金錢安定！

皮夾的顏色與效果
粉紅
獲得他人的幫助增加財富。適合女性使用。
米色
會培養財富，幫助穩定儲蓄。男女都適用。
橙色
果實的顏色能提升財運。
金色
皮夾中的王者。能提高金的氣，帶來財富。
白色
有孕育的力量，能提升儲蓄運。
黑色
能維持財富與財運。看起來很高級。適合男性。
其他這些顏色也不錯喔！
藍色會使金錢流失
紅色會燃燒財運要多加注意！
要小心呢！
接觸鈔票的地方如果是黃色，能提升財運！
放一張黃色的紙也可以！

如果財運變好，就有機會嫁給有錢的對象~
真的嗎!?
自己的財運變好以後，容易遇到同樣水準的人！
財運UP
真知小姐
吸引
吸引
如果想嫁給有錢的對象，不妨同時加強財運與戀愛運！
好！
要不要來點蛋糕？
甜食是好命的象徵！
吃甜食會提升財運喔！
是這樣嗎!?
那我要這個還有那個
小心不要吃太多，養出肥肉就…
如果在瘦身吃一口就好
好幸福

財運風水

愉快地花錢 是提升財運的關鍵

「財運很好」不只是擁有很多錢而已。適當地花錢讓日常生活與心靈都充裕，這樣會讓財運形成良性循環，帶來越多錢與幸福。

在日常生活中稍微用心就能提升財運。讓我們留意錢的用法與生活習慣，得到財富與幸福吧！

愉快花錢讓你成為富人

在風水的概念中，只要「開心」、「幸福」地使用金錢，這些錢還會回流到這個人的手邊。越是開心地用錢，錢自然就會增加，形成財富的循環。不過，如果只是無緣無故地散財或貪心浪費，可不會有什麼效果，要多注意。

運用活錢

能讓生活與心靈充裕的是「活錢」，可以促進財富循環，讓錢再回來。與金額大小無關，重點是花得心滿意足。另一方面，如果純屬「交際應酬」、「不知不覺」花掉的「死錢」，用掉就沒了。記得要盡量花活錢。

買了以後後悔對財運會有負面影響！

財運變差的原因

錢財很快就花光、不容易存錢的人，首先應該要檢視自己的環境或生活習慣，並設法改善。忽然變胖也是財運變差的徵兆之一。

小氣、太節省

把存款看得太重，小氣、過於節儉會讓財富遠離。尤其是節省象徵富足的餐費，則會讓財運大幅跌落。

對錢或人抱持負面態度

如果抱持著「錢不重要」、「我很窮」等否定金錢的想法，或是只會批評別人，絕對不會吸引錢靠近。

骯髒的房間、不潔的身體與生活

在不容易看到的地方有髒汙，是金錢消失的原因。除了房間以外，手指和指甲縫、腋下、耳朵後面都要多注意。

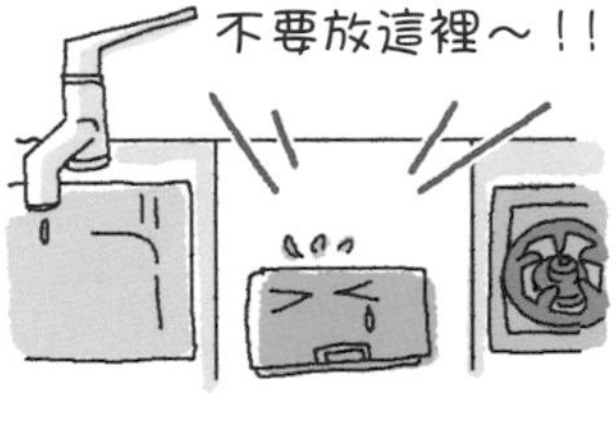

把和金錢有關的東西放在廚房

絕不能把錢包、存摺、保險箱等和錢有關的東西放在廚房附近。廚房有火的氣，會燃燒財運。

地板是人們著力的地方，同時也容易讓汙垢或厄運附著。如果把包包放在地上，裡面的錢會附著厄運，使財運變差。包包要放在椅子或架子上。

讓錢喜歡自己的方法

只要保持正面的語言和想法，每個人都能養成受金錢眷顧的體質。

愛惜、重視金錢

金錢會聚集在喜歡的人身邊。「有錢真幸福、好開心」，最好坦誠地表達出對金錢的喜悅與感謝，慎重地運用。

用在愉快的事情或使自己成長

戒除不必要的浪費，積極地運用在自己喜歡的事物、充實自己的用途，形成良性循環，新的錢還會進來。

所謂的「喜歡金錢」指的是對財富抱持肯定的態度。和「滿腦子想的都是錢」、「爲了賺錢變得貪婪」是不一樣的。

運用在別人身上

為了表示感謝、讓家人或朋友高興而花錢，就會受到錢的眷顧。贈禮或送錢都可以，與金額大小無關。

記得說正面的話，保持笑容

常說「謝謝」、「運氣真好」、「真開心」、「好幸福」這些正面的話，或是經常保持開心，笑嘻嘻的人會受到金錢喜愛。

帶來財運的打掃方法

廚房對財運的影響最大，尤其要清潔乾淨。

電器產品裡如果有灰塵會降低財運。

不可以堆太滿！

把廚房浴廁和冰箱都清乾淨

廚房、浴室、廁所如果不乾淨，容易有浪費的傾向；浪費食材會養成無法存錢的習慣。把過期的食材丟棄，保持冰箱內部乾淨。

要好好整理收納

收納空間帶有土的氣，如果不好好整理，孕育金錢、儲蓄的力量都會降低。記得把不用的東西淘汰掉，維持收納乾淨。

藉由擺設提升財運

黃色、橙色、粉紅色等暖色系對財運都很有幫助。不過黃色用太多會使財運不穩定，要多加留意。

在家裡集氣的中心點放置保險箱。

西→東北→北的流向很重要

財運從西進入，在東北方產生變化，在北方儲存起來。西邊適合黃色、土黃色、金色，東北方適合擺白色和黃色的東西，在北邊放保險箱也很好。

在西邊放置會閃閃發亮的東西

譬如水晶、會折射陽光的吊飾、水晶吊燈等會發亮的東西，放在西邊能提升財運。如果西邊有窗戶，可能會散財，要多加注意（→P64）。

提升財運的保養方法

細心保養頭髮、肌膚、牙齒，維持潔淨會更受財富眷顧。

用指腹輕壓頭頂也可以。

CREAM

保持頭髮與頭皮潔淨

頭皮如果被皮脂塞住，就會妨礙金錢的流向，可透過按摩或頭部的SPA讓頭皮跟和髮保持乾淨。

充分保濕帶來水嫩肌膚

乾燥及油性皮膚會使財運變差，所以要注重保濕和保養。洗澡後在胸口塗乳霜也可以。

牙齒是帶有金的氣的部位，使用品質好的口腔清潔用品能提升財運。帶有桃香的牙膏會帶來良緣，玫瑰會提升女性的整體運勢。

髮型的重點

帶有弧度的髮型會提升財運。

有光澤的髮蠟也可以。

鬈髮會招來財富

向內鬈的波浪會促進金錢的循環，帶來新的錢。有光澤也很重要。

男性的髮型要注重清潔感

最好不要太長，也不要太短。髮蠟不要選會讓頭髮太硬、或是有香味的，要選抹上後感覺輕盈的種類。

往旁邊斜分的劉海會使金錢的循環順暢。好好地保養、露出額頭，會比用劉海遮住更能帶來財運。

帶來財運的打扮

以白色、咖啡色為基調，搭配粉黃色或奶油色會更容易存錢。

柔軟的針織衫
也不錯！

帶有圓形的衣服會提升金的氣

圓領或泡泡袖、燈籠裙等帶有圓弧的衣服都很好。看起來顯瘦修長的衣服對工作運很有幫助。

只要身上帶有
金色的飾物，
就算不含金也沒關係。

以小飾品提升財運

配戴大的飾品或披上圍巾等，增加飾物會讓人更富足。首飾中以純金最好。

對財運有幫助的彩妝

化著圓形又柔和的彩妝，能同時提升財運和愛情運。

圓形的眼影會提升財運

以米色打底再加上金色效果很好。眼尾附近畫上白色能提升財運，但是不要畫得太過閃亮。

用腮紅襯托柔軟的臉頰

在稍微下方一點的地方撲點橙色系的腮紅，會提升財運。

搽粉強調鼻梁

鼻梁是代表金的氣的部分。要除去油光，搽粉讓鼻梁顯得更白皙。

豐厚的嘴唇象徵充裕的財運

用口紅或唇蜜帶來潤澤的效果，把下唇稍微畫大一點會更有效。

招財皮夾

對待皮夾的方式會大幅影響財運

皮夾是保管金錢、生財的重要物品，不但會影響主人的財運，也會左右身分地位。

乾淨舒適的皮夾會漸漸聚集金錢。另一方面，偈促又有汙痕的皮夾會讓錢很快地流失。把皮夾整理乾淨、小心地使用，就能提升財運。

最好在春天或秋天購買皮夾

春天的皮夾運勢正旺，會孕育出新的財運。秋天從土的氣轉移到金的氣，也是象徵結實的季節，在這個時期購買的皮夾會帶來富裕。

酒紅或咖啡色、黑色能提升儲蓄運。

提升財運的用法

前往自己的幸運方位買皮夾，之後會帶來好運。尤其幸運方位在北方或東北方時，在這些地方購買皮夾會提升儲蓄運。建議在皮夾最多放八張卡，零錢另外放在零錢包裡。

把鈔票和零錢分開來放就能存錢。

皮夾的使用要訣

皮夾是「錢的家」，要讓錢住得舒適愉快，經常保持清爽乾淨。

把鈔票整齊放入

按照不同面額，讓鈔票的方向一致擺放。把和有錢人換來的鈔票當成「錢母」放入皮夾，會讓金錢增加。

發票或刷卡單要當天取出。

卡太多會把錢趕跑要多加留意。

皮夾最多放 8 張卡

4張會提升人際關係，6張會提升股票或賭運。信用卡最好是黃色、金色、白色、紅色、藍色的。卡片多了會有浪費的傾向。

不要放錢以外的東西

可以放護身符，但彩券還是放在家裡比較好。如果把已故家人或動物的照片和錢放在一起不太好，要盡量避免。

每週要把皮夾裡的東西全部拿出來一次，用擰乾的布拭去汙垢。

保管皮夾的方法

如果直接把錢包放在袋子裡，包包帶有移動的氣，很快會讓錢跑掉。回家後要把皮夾放到固定的地方保管。

北方陰暗的地方最適合

金錢有在暗處增加的特質。建議放在主司儲蓄運的北方陰暗處。尤其臥室北方最能提升財運。

保管在專門放錢財的地方

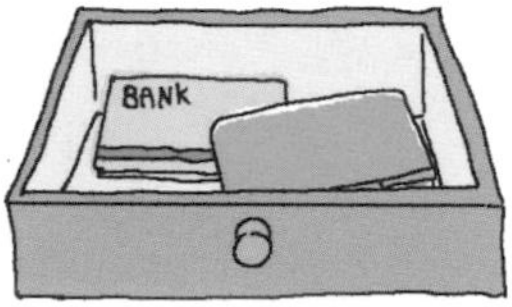

放在有蓋子的箱子、專門放皮夾的抽屜保管。像存摺等和錢有關的東西也可以一起放入。

將存摺以棉布或絲巾包起來保管，能提升財運。用白色、黃色、粉紅色的布效果更好。

月光浴能提升財運

在滿月的夜裡讓皮夾內部照射月光，也會提升財運。把鈔票換成新鈔會更有效果。

讓皮夾裡面的錢也照到月光～

丟棄皮夾的方法

皮夾的壽命是 1000 天（大約 3 年），過了這段時間之後，產生金錢的力量就消失了，財運會變差。如果改換新皮夾，裡面的錢也會越來越多。

以感謝的心情淘汰

在皮夾上撒鹽和日本酒，放進紫色的袋子或白色的箱子裡捨棄。記得要說些感謝的話，例如「謝謝」。

往幸運方位旅行時順便捨棄

在自己的幸運方位買新皮夾，把舊皮夾放進住宿旅館的垃圾桶，可以提升財運。在丟之前先用紙包起來，讓它看不出來是什麼東西。

帶來財運的皮夾不丟也 OK

有財運的舊皮夾，如果用黃色的布包起來，收納在北方，之後仍會繼續帶來財運。

第四章

工作風水

運用風水
讓工作和人際關係都更順利！
以成為出色的女性為目標吧！

咿嘻嘻♫
要好好愛惜新皮夾~
啊！真知~
神崎先生？
上次真是不好意思
嗨~你好！
幸運♡
這次我們要一起工作，全力準備——
下個月B公司的網頁設計提案！
好厲害！大案子耶！
機會來了喔！
呀—
呼~
我們先去討論囉！
明日香加油~
好！
這次換我從旁協助！

不好意思…
哇
好重
你還好吧？
嘿～♪咻
謝…謝謝！
咦？這不是明日香的位子嗎？
她好像很忙，完全沒時間整理…所以我…
清潔是我的…
沒關係♪
反正舉手之勞～
妳喜歡打掃嗎？
垃圾先收走囉
欸，是呀…
不好意思承認自己之前的房間很髒亂…

因為明日香正忙著準備提案，
聽說把桌子打掃乾淨能提升工作運，
希望多多少少能幫得上忙～
藍星花能提升工作運、幫助發揮才能！
……
不過，一直以來，讓公司維持乾淨的人是你，
託你的福，所以工作能順利進行呢！
……
clean
謝謝
…其實，我只做到這個月底。
…換工作嗎？
嗯嗯，是呀…
對了!!
想要有變化，關鍵在東北方！

放些白色、黃色、方形的東西會有幫助喔！
這樣嗎？
就算只鋪上黃白格的布也有用～
會帶來轉職、搬家的好機會喔！
還有咖哩烏龍麵！
咖哩會提升工作運，麵會帶來良緣，對換工作很有幫助！
也適合業務員♫
大一驚
……
啊
抱歉，聽到好消息不知不覺說個不停…
沒關係…
你一定能勝任很好的工作的！
小深——！
是!!
不好意思！我馬上過來！
啪噠啪噠
……
clean
笑

工作風水

工作風水的第一步，就從布置小東西開始

工作是奠定生活的重要基礎。如果運用風水提升工作運，每天的工作都會順利進行，認識新的人，獲得好機會，讓生活面貌變得更豐富。透過布置、打扮、小東西等周遭的東西，招來滿滿的工作好運吧。

工作的關鍵是先決致勝

不論任何事情，如果抱持「等待」的態度，都抓不住機會或運氣。尤其在工作方面，自己積極採取行動與提升運氣有很大的關聯。如果能夠早起，把工作集中在上午進行，一整天的流程都會變得很順利。

建議在上午11點以前收信和蒐集資料。

關於考試、勝敗的風水

在讀書時朝著北方能專心準備考試，在快要考試時改朝南面，可以發揮才能。

在桌子兩旁放置高的植物，效果會更好。考試當天帶著3枝紅鉛筆或紅原子筆能提升運氣（沒有使用也沒有關係）。

透過擺設提升工作運

西北方掌管一家之主的運氣，如果闢為工作用的房間，工作會進行順利，並能帶來成功。在東南方放工作服，人際關係會變好，並吸引好的工作。

在西北方放與工作相關的東西

如果放置和工作、上司有關的東西，會提升工作運。也可以擺上6個白色圓形物。

在東方放 3C 用品

東邊放電視、個人電腦、手機等物品，容易獲得有用的資訊。

對工作運有幫助的打扮

容易活動、輕快的裝扮，會帶來好的機緣與工作。

行動方便的褲裝

建議看起來合身、俐落的裝扮。合身的裙裝也不錯。如果質料帶有伸縮性，不會阻礙身體活動，就能提高行動力。

鞋子要選穩固好走的款式

低跟的鞋子比較好走、對工作運有幫助。依照時間、地點、場合穿鞋，適度地加入流行的元素，能得到更多時下的運氣。

選擇文具用品、印鑑、手錶的重點

辦公室小東西會帶來等級相符的工作。尤其筆是跟自己關係最密切的文具，最好挑選有質感的品牌，而不要隨意將就使用。

採用高級文具用品

金屬、銀製的文具用品能提升注意力。白色、綠色、藍色能使工作順利進行，紅色和橙色能提高創造力。

玫瑰石英適合和時尚、美容相關的職業。

有質感的印鑑能提升財運

體積稍大、用天然石或木製的印鑑能提升財運。女性如果單刻名字，即使婚後冠夫姓也可以繼續用。

印鑑的材質選擇水晶、翡翠（成功、事業運）、虎眼石（財運）、石英（財運、健康運）、玫瑰石英（人緣）、青金石（帶來幸運）都很適合。

利用手錶掌握機會

高級的手錶能帶來機會、提升主人的地位。女性如果戴和手鍊結合的鍊錶，能增加邂逅運。

參考P105

名片夾、車票夾、萬用手冊的重點

藍色會帶來工作運、紅色會提升才能、橙色增加邂逅的機會、綠色帶來人緣、粉紅色帶來協助、金色或銀色會讓運氣大幅提升。

每年購買新的名片夾替換使用。

名片夾要保持乾淨

名片夾會決定自己的第一印象。如果有髒汙會讓人覺得不能信任，降低成功的機會。名片象徵「自己的臉」，不要和信用卡等其他東西放在一起。

基本上應該把收到的名片立刻歸檔，但如果把嚮往的目標或運氣好的人的名片放在名片夾一週，可以吸取對方的好運氣。

車票夾的風格與其他物品一致

皮夾或包包等其他小物風格一致，能提升工作運。利用圖案（→P106）提升自己需要的運氣。

使用在幸運方位（→P176）購買的筆也不錯。

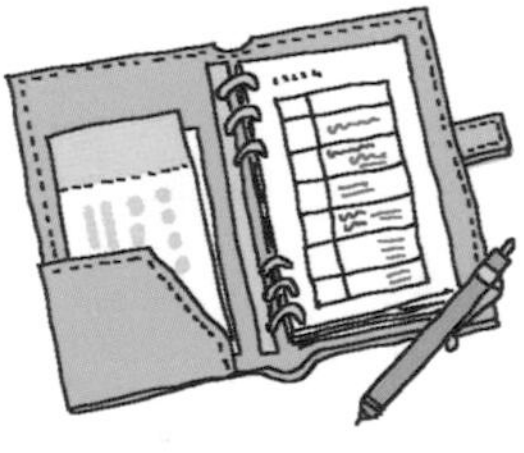

透過手冊的顏色加強運氣

依照自己需要的運氣選擇手冊外皮（P98）。如果工作場合不方便用彩色的手冊，在裡面夾該顏色的紙也可以。

標示希望實現夢想或目標的日子，會提升實踐的能力。即使在這一天沒有實現，自己的運氣也已經儲備起來，重複寫也沒有關係。如果記下反省、難過、負面的事，運氣會變差。

工作風水

辦公環境

保持乾淨的環境與活用方位能提升工作運

全職工作一天有將近1/3的時間在辦公室度過。工作環境與空間運用，會對個人生活造成很大的影響。

辦公室尤其容易有文件資料堆積，如果經常打掃，會讓工作運更順利。此外，座位的位置或方向也會帶來各種影響，可以朝著想獲得的運氣方位工作等，下些小小的功夫，提升工作效率與品質。

桌面乾淨對結婚有幫助

保持抽屜內部與桌下乾淨，能同時提升工作運與結婚運。

每個月把抽屜取出來整理一次，仔細擦拭，保持清潔乾淨。桌下不擺不必要的東西，保持淨空。

舊文件要盡快淘汰

舊報紙或舊雜誌、不用的資料會妨礙發展、成長的運勢。要定期檢視，淘汰不需要的文件，保持環境清爽。如果把過去進行不順利的工作資料丟掉，比較容易湧現新的想法、刺激新的靈感。

座位與方位的關係

如果位置本身不方便移動，朝工作內容適合的方向調整座位也可以，如事務性的工作適合朝北，企劃類的工作適合朝南等。

北　對儲蓄或行政工作很有效果

設置保險箱或會計部門，能減少不必要的浪費、提升營業額。
在這裡勤奮努力會有成效，安排行政工作的區域也不錯。

西北　掌握公司的業績

象徵主管的方位。闢為董事長、主管的辦公位置能提升公司整體的運氣，使經營更順利。

西　與訪客維持良好關係

設置接待室能讓訪客覺得自在，侃侃而談。但如果作為員工的休息空間，容易讓人鬆懈，要多加注意。

南　孕育出企劃案、新的想法

能加強直覺與才華，適合企劃或開發人員。在這裡開企劃會議會更容易讓創意產生。

東北　清潔能提升運氣

最適合作為倉庫、書庫等收納東西的空間。如果規劃為很少人出入的安靜空間，會帶來好運。

東　發展工作

如果闢為業務人員的座位，能提高業務量或業績。在這裡開會能振奮工作士氣。

東南　培養人際關係

闢為休息室等員工交流的場所，能促進良好關係。如果用來當會議室，大家會交換許多有益的資訊。

運氣不佳的座位

如果很容易意識到其他人的視線或受到注意，氣會消耗得很快。可以擺放鏡子、植物或利用隔間緩和直視感。

如果有其他人盯著自己看也會立刻察覺。

背後是上司的座位

如果太在意後方的視線就會緊張，容易疲倦。可在桌子的角落放鏡子，將氣反射回去。對著鏡子練習微笑，也能提升運氣。

座位背後有門

背後常有人出入，感覺到後面的視線很容易消耗氣。如果在桌上擺植物，或是在視線範圍放鹽錐，都會有幫助。

背後有角落的梁柱

對於工作運、健康運都不好，可以在角落擺放盆景遮住；或是稍微挪動自己的位子，不讓柱子正對著背也可以。

好尷尬……

和頻率不同的人面對面坐著

面對面坐著會容易緊張，也可能產生誤解。最好利用小隔板或資料夾、文件架擋住，或是用小盆栽區隔開來。

會提升工作運的辦公桌

桌面對於工作運、考試運影響很大。把不用的東西收起來，營造出方便工作的空間。椅子象徵一個人的基礎，可以利用座墊使坐的時候更舒服。

左上角放電話能幫助資訊流通

把電話放在桌面的左上角，比較容易獲得資訊。如果沾染灰塵或手垢，會為人際關係帶來負面影響，要經常保持乾淨。

把文件豎起來整理好

堆積如山的文件會讓過去的努力與成果付諸流水。要好好直立起來歸檔，不用的文件要馬上淘汰。

會發亮的小東西能提升直覺

在電腦附近放玻璃或水晶製的小東西，能提高鬥志或直覺，想到好主意。

透過盆栽或鮮花散布好的氣

在眼睛看得到的地方或窗邊裝飾植物，會帶來工作上的發展。放上捆好的招財竹也不錯。

右側採用粉紅色（增添女孩味，會變成可愛的女孩子）、黃色（財運），左側放藍色（工作運）、紅色（健康運）的物品，能提升相應的運氣。

透過管理電腦提升運氣

電腦周邊產品如果使用帶有「木」氣的物品，如綠色或葉子圖案、木製品等，對工作運比較好。電線如果糾纏在一起，人際關係會惡化，所以要整理好。

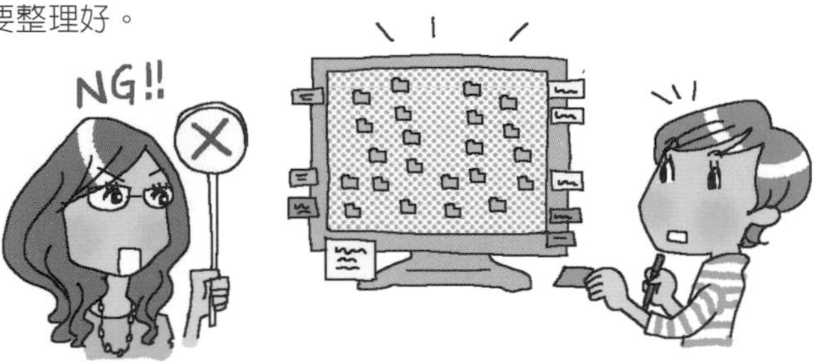
NG!!

把桌面整理清爽

桌面如果有大量不用的資料，會使工作運變差。要經常整理。如果把檔案歸納好，工作效率與工作運都會提升。

不用的便利貼要立刻扔掉

如果在電腦螢幕旁貼一堆便利貼，氣會變得散漫，注意力和效率都會變差。不用的便利貼要立刻丟掉。

經常使用刷子清潔，
常保乾淨。

MAIL
添加季節性的問候語
會加深和對方的緣分。

清潔鍵盤與螢幕

鍵盤與螢幕如果沾上手垢、灰塵，運氣會停滯。使用後要盡快清潔，經常維持乾淨。

整理信件以獲得良緣與資訊

電子郵件是擴展人際關係的重要管道。不需要的信件或內容不好的信件會招來厄運、擋住重要的信件，最好早點刪除。

每個月替換桌面背景，會獲得新的運氣。運用帶有季節感的桌面圖案，比較容易獲得更多機會。

不同場合的風水

在各種工作場合利用風水的原理，能讓事物順利進行。

看著對方的眼睛、
面帶笑容地說話。

與人初次見面

衣著打扮或飾品採用白色，能提升第一眼運氣，帶來好印象。

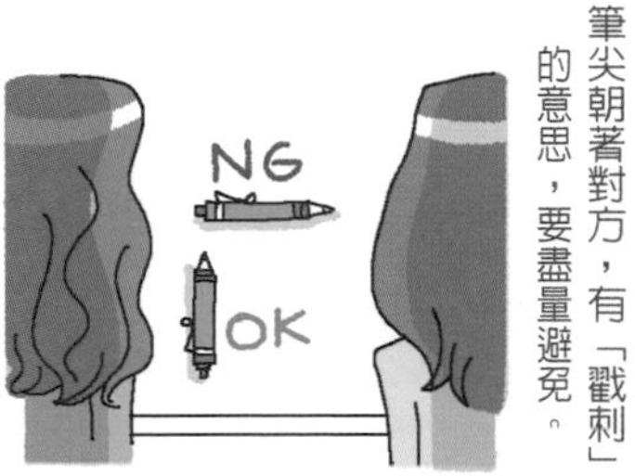
筆尖朝著對方，有「戳刺」
的意思，要盡量避免。
NG
OK

與難相處的同事保持距離

座位間擺花或筆，腳下稍微撒點鹽都很有效果，或是用清酒杯盛鹽錐。穿紫色的內衣或戴紫色的飾品也可以。

遇到職場霸凌或精神壓力時，可用暖色系布置家中北方，帶來溫暖的感覺，或在東南方放置和工作有關的東西（在公司穿的衣服、公事包等）。吃乳製品也可以。

露出額頭
會提升吸引力。

想表達自己的意見時

身上穿紅色（提升表達能力）、淺綠色（提升鬥志）、紫色（居於優勢）的衣服都不錯。尤其穿這些顏色的內衣更有效果。

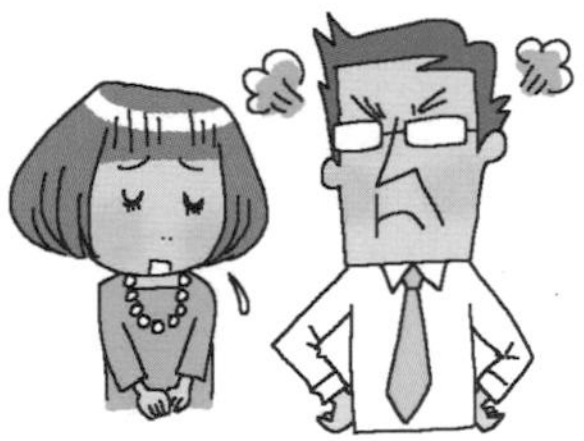

道歉的時候

女性可以配戴珍珠飾品，男性帶著綠色碧璽，都能改善關係。手寫的信件具有語言的力量，更能傳達誠意。

和工作夥伴一起吃火鍋，或是添加奶油的食物，都會帶來更多默契。吃海鮮類會讓創意湧現。啤酒等碳酸飲料能消災解厄。

咻——
女孩之旅真好~
多多接觸潔淨的水能提升工作運~
療癒的湖泊
這次是根據明日香的幸運方位選目的地~
幸運方位？
以風水來說，旅行時會吸收當地的能量提升自己需要的運氣
能量
UP UP
運氣
每個人都有適合自己當年當月的方位（↓P182）
我這個月適合西方
針對方位出門，效果會加倍喔！
為了下次的提案現在要好好補足運氣！
謝謝妳囉！
會好好努力

好漂亮!!
清新又舒暢
○○名水
真好
工作
戀愛
待會兒要不要去這家店？
還有這裡
旅
我們明天再去那邊吧！
根據風水，旅行第一天要在晚上11點前入宿～
藉由住宿在當地，吸收土地的好運
原來～
第二天以後就沒關係了，第一天還是照規矩來吧！
歡迎光臨
辛苦了！
好好吃

心情好好～
溫泉飽含土地的生氣與活力，最適合用來補充運氣喔！
我泡久了頭有點暈～
先起來一下
明日香要是能順利就好了～
一定沒問題的！真知妳從以前就很擅長鼓勵別人喔！
以前？
其實，我…
就是妳的小學同學太田風子呀！
咦？難道是B班的胖女孩!?
之前剛見面時我就發現了，但不好意思說…
因為結婚，姓氏改了，「風美」則是工作上的名字～
我完全沒發現…妳現在變得好漂亮！

這多少是風水的緣故，不過影響最大的還是真知喔！
咦？
我本來覺得自己是胖妹，但妳告訴我：「風子的笑容很迷人～」
嗯♥
於是我開始對人展現笑容，漸漸交到一些朋友…
之後因為突然轉校，也來不及道謝…
抱歉吶！
不過託妳的福，我找到了自信！所以透過最近的風水課程來答謝妳～
原來是這樣啊～謝謝風美！
風水是有一些效果，但風子的轉變也包含努力的成果喔！
嘩啦
努力的過程保持愉快是很重要的喔！
但也不要太過頭…
好開心♥

幸運方位

在幸運方位會獲得大量好運，配合方位採取開運行動

以自家為起點，朝著對開運有幫助的方位（幸運方位）旅行或搬家，會獲得強大的開運效果。透過日常的風水儲存運氣，出門去幸運方位，運氣會大幅提升，夢想也會實現。只要在幸運方位採取配合需要運勢的行動，更能強力提升運勢。

幸運方位的效果會在4、7、10、13個月後表現出來。此外，「厄運方位」會使平常儲存的運氣流失，要多加留意。

如何找出幸運方位

幸運方位的原理來自氣學，以自己的本命星為主，決定各年、月、日的幸運方位。

此外，每個人每年都有帶來厄運的方位，要盡量避免去那些地方。

依流派多少有些差異，想知道得更詳細要請教專家！

如何避開厄運方位

假使為了工作等不可避免的原因，必須前往厄運方位，要盡可能在當天來回，預留充分的時間。如果是一群人同行，最首要的是避開這一年的厄運方位。最好能去全體共同的幸運方位，如果有困難的話，至少也要選多數人的幸運方位。

如果是家族旅行，要以長輩的幸運方位為優先。

在幸運方位招來好運的重點

去離家 100 公里遠的地方，在幸運方位享受當地特有的事物，正是開運的要訣。

沐浴在朝陽下

和每天的開運祕訣相同，如果在幸運方位住宿，第二天早上迎接晨光，會帶來無限好運。

吃當地的食物

攝取當地特產或特色料理，能大幅吸收土地的運氣。吃當季的食物，效果會加倍。

泡溫泉

浸泡在自然的泉流中，會更容易吸取大地的運氣。入浴後喝杯水，稍微躺一下，會讓剛吸收的氣穩定下來。

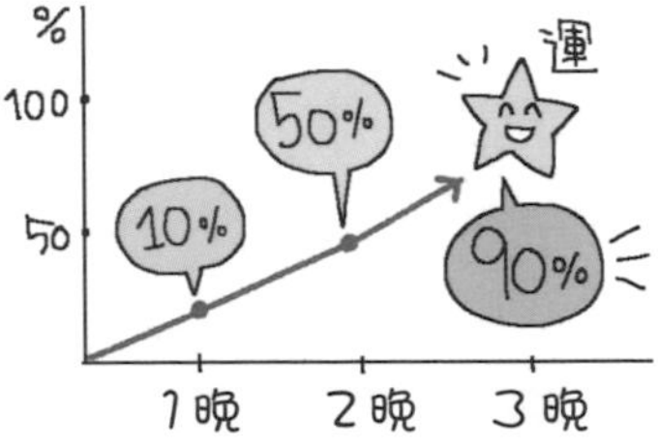

在外連續住宿會大幅補充運氣

住一晚能提升10%，住兩晚會提升50%，住三晚能提升90%的運氣。如果平時就為累積運氣作準備，前往幸運方位時，有機會一次驗收美好的成果。

搬家能幫助改運，對於獲得新的運氣很有效果。尤其是搬往幸運方位，即使只是幾十公尺也能發揮很大的力量。

幸運方位的效果與開運活動①北

乾淨的水對於戀愛、美容、人際關係有幫助。

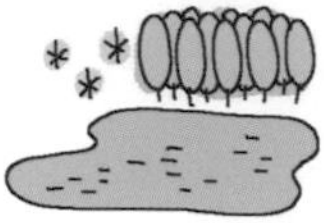

	獲得的效果	開運活動
戀愛	• 提升愛情運、受歡迎 • 與夥伴更有默契 • 變漂亮	去乾淨的河邊，或位於地下樓層的店家 食添加奶油的料理、豆腐料理 白肉魚的生魚片、牛奶做的點心
財運	• 提升儲蓄運 • 消除浪費	低預算旅行、買皮夾
工作	• 贏得信賴 • 與上司保持良好關係 • 獲得支持	眺望寬廣的湖泊或平靜的海洋、拍照、森林浴 食黑豆、日本酒、白酒

幸運方位的效果與開運活動②東北

投宿在飯店或旅館的高樓層，能讓運氣倍增。就算只是經過也有效果。

	獲得的效果	開運活動
戀愛	• 戀愛有好的變化 • 重新調整戀愛運	穿著新的白色內褲出門 從高處（如山上）眺望景色 食蘋果、優格、甜不辣
財運	• 提升不動產的運氣 • 儲存財產、繼承 • 成為接班人	登上高樓 去神社或寺廟參拜 四處看屋
工作	• 工作有好的變化 • 轉職運變強 • 取得資格、提升技能	購買當地的食器、體驗陶藝 去神社或寺廟參拜 食葡萄、鯡魚卵、鮭魚卵、牛肉

幸運方位的效果與開運活動③東

跟音樂有關的行動與開運有關。

	獲得的效果	開運活動
戀愛	• 認識年輕健康的對象 • 閃電結婚 • 變得年輕漂亮	去音樂會或演唱會 聽情歌、看愛情電影 食草莓冰淇淋
財運	• 獲得與 PC、IT 產業相關的有益資訊或技能，增加收入 • 健康地工作，增加收入	早起 沐浴在晨光下
工作	• 發展工作 • 鬥志昂揚，提升行動力 • 提高上進心	逛 CD 店，買 CD 拍很多照片，沐浴在晨光下 食壽司等有酸味的食物

工作風水

幸運方位的效果與開運活動④東南

透過介紹認識不同的人，和人之間的緣分會帶來開運的機會。

	獲得的效果	開運活動
戀愛	• 提升邂逅運、戀愛運、結婚運，透過介紹有機會認識不同的人	購買香氛或香水，保養指甲 寫信或打電話給喜歡的人或朋友 食義大利麵、鰻魚、香草料理
財運	• 和人的緣分會帶來金錢 • 獲得有益的資訊	和朋友、情人、家人一起吃飯 寫信或打電話給朋友 去看海
工作	• 增加人脈，人緣提升 • 掌握和工作有關的機緣 • 獲得有益的資訊	購買披肩或圍巾、玻璃製品 擦橙香調的香水，在車站、機場拍照 食海鮮類

※ 食開運推薦食材。

幸運方位的效果與開運活動⑤西

與嘴巴有關的事物（唱歌、牙科等），會帶來福氣。

	獲得的效果	開運活動
戀愛	・得到愉快充實的戀愛 ・愉快的事情會增加	去卡拉 OK，購買寶石 享受用餐，丟棄舊內衣 食甜食（尤其是當季的點心）
財運	・收入增加 ・獲得臨時收入 ・和有錢人結緣	愉快地運用金錢，參加聚餐 去銀行 食甜食
工作	・做生意的運氣變好 ・社交生活更豐富 ・愉快的事情會增加	去高級的店面，參拜有名的寺廟 去銀行領錢、看夕陽 食甜食、地方量產的啤酒

幸運方位的效果與開運活動⑥西北

享受高級的東西或去高級的場所，將大幅提升運氣。

	獲得的效果	開運活動
戀愛	・嫁給有錢人的機會增加 ・生活水準與女性地位會提升	去高級餐廳或精品店 去參拜掌管戀愛的神社，募款 食套餐、包餡的和菓子
財運	・賭運、股票運提升 ・有臨時收入或意外收入 ・獲得大筆財富	買紅色的東西、彩券 賭博
工作	・提升成功運與地位 ・事業或創業成功	去神社參拜，買幸運符 參觀美術館、博物館或古城 食套餐、水果

幸運方位的效果與開運活動⑦南

和心儀的人旅行，是良緣的話感情會更好，是惡緣的話則會分手。

	獲得的效果	開運行動
戀愛	• 提升美容運、瘦身運、人緣、邂逅運 • 斷絕惡緣、獲得良緣	去珠寶店或美容沙龍 買化妝品、耳環、眼鏡 畫豔麗的妝　食海鮮類
財運	• 才華與創意和工作結合，增加收入（尤其是作家、模特兒、畫家）	買鞋子、眼鏡 配戴珠寶 打扮得耀眼奪目
工作	• 提升地位、人氣 • 出人頭地 • 展現才華	去書店，購買貴金屬 露出額頭，保養身體 食氣泡酒

幸運方位的效果與開運行動⑧西南

如果幸運方位在北方或西南方，可購買物美價廉的物品。

	獲得的效果	開運活動
戀愛	• 提升結婚運、家庭運、子女運，使現有的緣分安定，關係更密切	購買廚房用品或日用雜貨、用土做的東西、觀賞漂亮的景色 喝茶　食當地的水果
財運	• 提升儲蓄運	購買陶製的存錢筒，記帳 開始定存，去銀行開戶 ※ 西南方適合和金錢有關的開運行動，對戀愛與工作都很有效。
工作	• 讓工作安定 • 努力能開花結果 • 獲得周遭的信賴	徒步觀光、保養腳 逛逛老街 食根莖類、健康茶

※ 食開運推薦食材。

幸運方位一覽表

旅行或搬家時如果參考幸運方位，能迅速提升運勢。集體共同的厄運方位在 2/4 立春後會轉移。

用法

①參考P182的本命星表，根據自己的出生年份查出本命星。

②根據P183～185的幸運方位表，依照自己的本命星找出幸運方位。

本命星表

九紫火星	八白土星	七赤金星	六白金星	五黃土星	四綠木星	三碧木星	二黑土星	一白水星
1937 (S12)	1938 (S13)	1939 (S14)	1940 (S15)	1941 (S16)	1942 (S17)	1943 (S18)	1944 (S19)	1936 (S11)
1946 (S21)	1947 (S22)	1948 (S23)	1949 (S24)	1950 (S25)	1951 (S26)	1952 (S27)	1953 (S28)	1945 (S20)
1955 (S30)	1956 (S31)	1957 (S32)	1958 (S33)	1959 (S34)	1960 (S35)	1961 (S36)	1962 (S37)	1954 (S29)
1964 (S39)	1965 (S40)	1966 (S41)	1967 (S42)	1968 (S43)	1969 (S44)	1970 (S45)	1971 (S46)	1963 (S38)
1973 (S48)	1974 (S49)	1975 (S50)	1976 (S51)	1977 (S52)	1978 (S53)	1979 (S54)	1980 (S55)	1972 (S47)
1982 (S57)	1983 (S58)	1984 (S59)	1985 (S60)	1986 (S61)	1987 (S62)	1988 (S63)	1989 (H1)	1981 (S56)
1991 (H3)	1992 (H4)	1993 (H5)	1994 (H6)	1995 (H7)	1996 (H8)	1997 (H9)	1998 (H10)	1990 (H2)
2000 (H12)	2001 (H13)	2002 (H14)	2003 (H15)	2004 (H16)	2005 (H17)	2006 (H18)	2007 (H19)	1999 (H11)
2009 (H21)	2010 (H22)	2011 (H23)	2012 (H24)	2013 (H25)	2014 (H26)	2015 (H27)	2016 (H28)	2008 (H20)

※1/1~2/4 出生的人，本命星落在出生前一年。

（1936、1939、1940、1943、1944、1947、1948、1951、1952、1956、1960、1964、1968、1972、1976、1980、1984 這幾年，1/1~2/5 出生的人，本命星落在出生前一年。）

例 1994 年 2 月 3 日出生→本命星是 1993 年的「七赤金星」。

各本命星的幸運方位表（紅色代表最佳方位，**黑色**代表幸運方位。厄運方位是相同的）

※2013 年 1/5~2/3 的厄運方位是東南、西北。

年	日期	三碧木星	二黑土星	一白水星	厄運方位
2013年	1/5~	南	東北	東北	※
	2/4~	北、南	南／北、東、西	西／東	
	3/5~	東南／東北	東	東北、東、東南、西南	
	4/5~	東南	東南	東／東北、西南、西	
	5/5~	東南	東、東南、南、西	東南	
	6/5~	東北、東南、西南	東南	東南	
	7/7~	南／北	西	東／西南、西	西北
	8/7~	北、東南、南	南、西	東、東南、西	
	9/7~	北／南、西南	南／北	西	
	10/8~	北、南、西南	南／北	東北	
	11/7~	北、南	南／北、東、西	西／東	
	12/7~	東南／東北	東、西	西／東北、東、東南、西南	
2014年	1/5~	東南	東南	東／東北、西	
	2/4~	西	南	南	
	3/6~	西南／東北	東北	無	
	4/5~	東、南	東北	東、西	
	5/5~	南、西南	南	西／東	
	6/6~	西南	東北、南	西	
	7/7~	西南	南／西南	南	北、東南、西北
	8/7~	東、西	南	西／南	
	9/8~	東北、西南	東北、西南	西	
	10/8~	無	東北、西南	東、西	
	11/7~	西	南	南	
	12/7~	西南／東北	東北	無	
2015年	1/6~	東、南	東北	東、西	
	2/4~	北、東南、南、西北	南／北	西北／東南	
	3/6~	西南／北	北、南／西南	南	
	4/5~	西南	北、南、西南	南	
	5/6~	無	北、南	南／北	
	6/6~	東南、西南、西北	西南	西南、西北	
	7/7~	西北	西南	西南	東北、東、西
	8/8~	西北	北、南	南／北、東南、西北	
	9/8~	西南／西北	西南	北、東南、南、西北	
	10/8~	南	西南	西南	
	11/8~	北、南、西南、西北	南／北	西北	
	12/7~	西南／北	北／西南	無	

各本命星的幸運方位表（紅色代表最佳方位，**黑色**代表幸運方位。厄運方位是相同的）

※2013 年 1/5~2/3 的厄運方位是東南、西北。

		六白金星	五黃土星	四綠木星	厄運方位
2013年	1/5~	北、南	北、東北／南	東北、南	※
	2/4~	西	南／北、東、西	北、南	西北
	3/5~	西南／東北、東	西南／東北、東、東南	東	
	4/5~	西／東	西南、西／東北、東、東南	東北、東	
	5/5~	北	東、東南、南、西	東、西	
	6/5~	東北／南、西南	南／東北、東南、西南	南	
	7/7~	北、西／南、西南	西／北、南、西南	南／北、西南	
	8/7~	北、西南、西	南、西南、西	北、東、南	
	9/7~	東北、西南／北、南	東北、南、西／北、西南	北／南、西南	
	10/8~	北／南	東北、南、西南／北	北、南、西南	
	11/7~	西	南／北、東、西	北、南	
	12/7~	西南／東北、東、西	西南／東北、東、東南、西	東、西	
2014年	1/5~	西／東	西／東北、東、東南	東北、東	
	2/4~	南	東／南、西	西	
	3/6~	東北、南／西南	南／東北	無	北、東南、西北
	4/5~	南／東北、西南	東北、西／東、南	西南／東北、南	
	5/5~	東北、西南／南	東北、南、西／東、西南	東、南、西南	
	6/6~	東北、南、西南	東北、東、南、西	西南	
	7/7~	南	南／西南	西南	
	8/7~	無	東、南／西	無	
	9/8~	西南／東北	東北、西南、西	西	
	10/8~	無	東、西／東北、西南	東北、西南	
	11/7~	南	東／南、西	西	
	12/7~	東北／西南	東北	無	
2015年	1/6~	南／東北	東北、西／東、南	東北、南	
	2/4~	北／南	南／北、東南、西北	北、南	
	3/6~	南／北	北、南／西南	西南／北	東北、東、西
	4/5~	北、東南、南	北、東南、南、西南	西南	
	5/6~	東南	北、南／東南	無	
	6/6~	東南、西北	東南、西南／西北	無	
	7/7~	東南／西北	東南、西南	西南	
	8/8~	東南／北、南	東南／北、南、西北	無	
	9/8~	南／北	東南、南／北、西南、西北	北	
	10/8~	北、南	北／南、西南	西南／南	
	11/8~	北／南	南、西南／北、西北	北、南、西南	
	12/7~	北	北／西南	西南／北	

各本命星的幸運方位表（紅色代表最佳方位，**黑色**代表幸運方位。厄運方位是相同的）

※2013 年 1/5~2/3 的厄運方位是東南、西北。

		九紫火星	八白土星	七赤金星	厄運方位
2013年	1/5~	北	東北	東北	※
	2/4~	東南	南／北、東、西	東南	西北
	3/5~	東北、東／西南	東南	無	
	4/5~	東北、東南／東、西南、西	西／東	西南／東北、東南	
	5/5~	東	東、東南、南、西	北	
	6/5~	西南／東北、東南	南	東北／東南、南、西南	
	7/7~	東／西	北、南	北／南、西南	
	8/7~	東、東南、西南	南、西	北、西南	
	9/7~	東北、西南	西	北、南	
	10/8~	無	無	東北／西南	
	11/7~	無	南／北、東、西	無	
	12/7~	東北、東／西南、西	東南	無	
2014年	1/5~	東北、東南／東、西	西／東	東北、東南	
	2/4~	東	東／西	東、西／南	北、東南、西北
	3/6~	西南	東北	南	
	4/5~	東／西	東北	南、西／東	
	5/5~	東／東北、西南	西／東	南	
	6/6~	東	東北、東、西	東、南、西	
	7/7~	無	西南	無	
	8/7~	無	東／西	東、西	
	9/8~	東北、西	東北、西南	西	
	10/8~	東北、東、西	東、西／東北、西南	無	
	11/7~	東	東／西	東、西／南	
	12/7~	西南	東北	無	
2015年	1/6~	東／西	東北	南、西／東	
	2/4~	東南／西北	東南、西北	東南、西北	東北、東、西
	3/6~	無	西南	無	
	4/5~	北、東南	東南、西南	東南	
	5/6~	北、東南	東南	東南	
	6/6~	無	東南、西南／西北	東南、西北	
	7/7~	東南／西北	西南	東南／西南、西北	
	8/8~	北／南	東南／西北	無	
	9/8~	北、西北／東南、南	西南	東南／西北	
	10/8~	北	西南	無	
	11/8~	西北	西北	西南、西北	
	12/7~	無	西南	無	

咦—
提案不曉得進行得怎麼樣了~
緊張
期待
我們提案回來了！
託各位的福，大成功!!
我們爭取到B公司網頁製作的案子了！
喔喔!!
太好了!!
小深也有幫忙整理資料真是謝謝妳~
沒什麼啦~
最近又有場足球賽，妳要來嗎？
那我做便當帶去！

太好了，我兒子一定會很開心！
……咦？
兒子……？
之前沒告訴妳嗎？是我兒子的足球賽喔～
照片上是我兒子旁邊是我太太
砰
哈哈哈
年輕真是好啊！
啊，董事長!!
非常好！拿到重要的案子。
我這邊也有一件事要報告！
你過來吧！
是長谷川？
清潔人員？
啊哩？
其實他是我的孫子
咦!?

工作風水

一家好的公司會徹底保持清潔。
為了體會董事長的教誨，我在正式進公司之前先擔任清潔人員。
我們笑起來的時候在同一個地方有酒渦喔！
這裡
因為怕被看穿所以一直裝酷…
首先在業務方面
小深小姐…
妳今天晚上有空嗎？
咦？
…那個
有很多事想謝謝妳~
沒有啦…其實我什麼都不懂
看到小深小姐的努力讓我也想好好為公司盡一份心力！
你一定會成為優秀的董事長喔！
為你加油！

……可以的話，除了工作本身以外，我個人方面也有個不情之請……
咦……
是什麼？
我希望有個像真知這樣的人陪在我身邊，跟我交往！
我可以嗎……？
恭喜恭喜!!
哇
妳們怎麼來了!?
這是從一開始就預見的呀！
因為我們是真知的後援會呀♪
握
讓我們一起把握更多幸福吧！

MEMO

MEMO

女子風水手帖

編　集—LIBERALSYA
審　訂—北野貴子
譯　者—嚴可婷
責任編輯—林巧涵
執行企劃—張燕宜
美術設計—林家琪
校　對—洪麗雲
董事長
發行人—孫思照
總經理—趙政岷
副總編輯—丘美珍
出版者—時報文化出版企業股份有限公司
10803台北市和平西路三段二四〇號四樓
發行專線—(〇二)二三〇六—六八四二
讀者服務專線—〇八〇〇—二三一—七〇五·(〇二)二三〇四—七一〇三
讀者服務傳真—(〇二)二三〇四—六八五八
郵撥—一九三四四七二四時報文化出版公司
信箱—台北郵政七九~九九信箱
時報悅讀網—http//www.readingtimes.com.tw
電子郵件信箱—ctliving@readingtimes.com.tw
第一編輯部臉書—http://www.facebook.com/readingtimes.fans
流行生活線臉書—https://www.facebook.com/ctgraphics
法律顧問—理律法律事務所　陳長文律師、李念祖律師
印　刷—華展彩色印刷股份有限公司
初版一刷—二〇一四年四月十一日
定　價—新台幣二五〇元
⊙行政院新聞局局版北市業字第八〇號

ATARASHII WATASHI NI NARU JOSHI FÛSUI
Edited by Liberalsya Co., Ltd.
Supervised by Takako KITANO

Illustrations by Emiko SUGIYAMA
First published in Japan in 2012 by Liberalsya Co., Ltd.
Translational Chinese rights arranged with Liberalsya Co., Ltd.
through Japan Foreign-Rights Centre/ Bardon-Chinese Media Agency

女子風水手帖 / LIBERALSYA 編集
嚴可婷譯. -- 初版. –
臺北市 : 時報文化, 2014.03
ISBN　978-957-13-5929-8（平裝）
1.堪輿
294　103004412